Viviendo la Magia

Bob Makransky

Traducido por Milly Mittelstaedt

© 2020 Bob Makransky

ISBN: 9780578680101

Dear Brutus Press

Contenido

Introducción	1
Canalizando a los Espíritus Guias	3
Que Podemos Aprender de Las Plantas	15
Comunicandose Con las Plantas	19
Siguiendo a Sus Sentimientos	25
Espíritus del Agua	34
Porque Fracasan Las Relaciones	37
Magia de la Tierra	47
Suerte	51
Posesión Espiritual	58
Dos Tipos de Sufrimiento	69
Actuando Junto Con El Espíritu	74
Arte Culinario Espiritual	78
Preguntas y Respuestas Sobre Jardineria	86
En No Permitir Que Los H. de la Gran P. Lo Desalienten	91
Mirando Fotografías	100
Criando Niňos por Diversión y Lucro	110
El Secreto de la Oración Eficaz	116
¿Cual Es la Diferencia Entre Tener Fe y Engaňarse a Sí Mismo?	125
El Fuego Habla	128
El Propósito Del Sufrimiento	137
Apéndice: Selecciones adaptadas del libro *Thought Forms* (*Formas Mentales*):	
Como Crea Usted Su Propia Realidad	144
Alegremente, Alegremente, Alegremente, Alegremente	152
La Cosificación del Tiempo	165
La Muerte Observa	180

Introducción

Hay tres senderos para llegar al Espíritu: control sobre el cuerpo (o hatha yoga); control sobre la mente, o meditación de interiorización (como vipasana); y control sobre las emociones. La práctica de la magia es para controlar las emociones; su finalidad es el control de las emociones; su meta es llegar a un espacio donde uno se encuentra totalmente contento y a gusto en el momento presente – ni con ira por el pasado, ni con temor por el futuro. Cuando las emociones están en calma, el cuerpo y la mente se relajan naturalmente también.

En estos ensayos, mi acercamiento al tema de la magia está basado en mi propia experiencia, lo que quizás no sea igual al suyo o al de otras personas. Por ejemplo, lo que digo sobre los espíritus malignos está de acuerdo con mi experiencia personal al contactar con ellos; lo que digo acerca de ellos es correcto, pero está basado en mis propios hechos. Otra persona, con un diferente cúmulo de experiencias y expectaciones es muy probable que arribe a una conclusión diferente. En otras palabras, cuando abandonamos el mundo normal de la sociedad normal y nos aventuramos solitos para volvernos magos, también dejamos atrás un cúmulo de experiencias y consensos de validación que es con lo que las personas promedio cuentan para orientarse. Para transformarse en mago uno deliberadamente utiliza estímulos que desorientan. No existen reglas viables ni pasamanos ni nada sólido de lo cual nos podemos agarrar, únicamente contamos con nuestra voluntad, determinación, y la sabiduría que nace de la experiencia. Por lo tanto, la información que doy en estos ensayos no debe ser tomada como el evangelio ni está grabada en piedra. Fue canalizada para mi propia guía, y está lejanamente basada en la forma de ver el mundo de Carlos Castaneda, pues ese fue el modelo que utilizaron mis espíritus guías para explicarme las cosas. Hay otras prácticas (tales como las de Franz Bardon) que están basadas en diferentes formas de ver el mundo y que son igualmente válidas. El lector que desee una exposición teórica más completa de lo que es la magia y como funciona, o un curso más formal de entrenamiento y práctica mágica, debe buscarlo en mi libro *Thought Forms* (Formas Mentales) que también puede obtener a través de Dear Brutus Press. Ese libro aún no ha sido traducido al español por lo que sólo le encontrará en inglés.

B.M.

Canalizando a los Espíritus Guias

Glendower: *Yo puedo llamar a los espíritus de las vastas profundidades.*
Hotspur: *Ja, yo también, y cualquier otro lo puede hacer; ¿pero ... llegarán cuando les llames?*
— William Shakespeare, *Enrique IV*, Parte 1

Al igual que el personaje de Moliere se alegró al saber que había estado hablando en prosa sin saberlo, cada uno de nosotros está canalizando constantemente. La única diferencia entre psíquicos "profesionales" y las demás personas es que los psíquicos son conscientes de lo que hacen; ellos, los médiums, se llaman la atención sobre un proceso que es completamente natural y que todos sabemos hacer. Todos tenemos espíritus guías que nos hablan constantemente; sin embargo, casi nadie le ponemos atención a estos mensajes, tal como tampoco se la ponemos a las personas a nuestro alrededor – como padres, cónyuge o hijos – cuando nos tratan de decir algo. Cuando un pensamiento o sentimiento enviado por un espíritu guía nos llega al consciente, sencillamente lo eliminamos o lo negamos. En este ensayo vamos a discutir las formas mentales, espíritus guías, y otros seres que pueden ser canalizados, y también técnicas sencillas para hacerlo conscientemente.

Para que tengan una idea de qué es un espíritu, primero es necesario que entendamos qué somos nosotros. Contrario a la opinión popular, no somos objetos sólidos con una autoexistencia individual. Aunque nos parezca que el mundo es "real" y consiste de objetos sólidos y separados, en realidad nuestro mundo es más como una pantalla de cine enchufada a las pantallas de cine de otras personas, en las que todos estamos proyectando lo que sentimos en nuestro interior hacia fuera, pero en forma de símbolos – objetos sólidos en un mundo físico.

Parafraseando la pregunta de Heidegger: "porqué existen objetos en vez de nada?", es como preguntarse "Porqué los futbolistas no pueden usar las manos?: Porqué

Dios construyó el mundo de tal manera que los jugadores de futbol no pueden usar sus manos?" Igualmente, nuestra percepción del universo como un mundo sólido de objetos individuales es una restricción de nuestros sentidos totalmente autoimpuesta. Las plantas y los animales no perciben esta forma de mundo, y tampoco lo hacen los recién nacidos o los lunáticos. Ellos todavía usan sus "manos" (sus sentidos en vez de sus cerebros) para jugar al juego de la percepción; es por ello que no "juegan al futbol" muy bien, pero todavía conservan el uso libre de sus manos – su intuición – que casi todos nosotros hemos aprendido a reprimir. La creencia de que somos seres individuales en un mundo de objetos sólidos es solo eso – una creencia – que hace que el mundo de conceptos (de pensamientos) posible.

Esta creencia (que somos entidades individuales en un mundo de objetos sólidos) parece ser correcta durante el tiempo que pasamos despiertos; es una creencia muy convincente. Sin embargo, es sólo porque mantenemos la puerta cerrada sobre cualquier evidencia que lo contradiga. Esta puerta se llama "miedo a enloquecer o que piensen que he enloquecido". Conservar nuestra cordura es equivalente a rechazar mucha información acerca de nosotros y del mundo a nuestro alrededor que estaría disponible si tan solo pudiéramos relajarnos un poco, y dejar a un lado la ilusión de que existimos como objetos sólidos.

En realidad, nuestra existencia es multidimensional. Nosotros no sólo existimos en un número infinito de vidas pasadas y futuras, también estamos ramificados en todas las realidades probables de esta vida. Cada vez que tomamos una decisión – grande o pequeña – creamos una realidad probable en la que se tomó la decisión y otra u otras realidades en las que no fue tomada. Por ejemplo, esa persona a la que le sonrió melancólicamente a distancia sin dirigirle la palabra y a la que no volvió a ver jamás, es su esposa en alguna otra realidad probable en la que usted sí sostuvo una conversación con ella.

Así, la totalidad de "nosotros" no solo abarca infinitas vidas en otros mundos y realidades, también abarca infinitas realidades probables dentro de esta encarnación y también en todas las otras. No solo eso, sino dentro de lo que se confina dentro de una sola realidad probable de una sola vida, que es normalmente todo a lo que le podemos poner atención o considerar que es "yo", somos múltiples personalidades. Eso quiere decir que no somos la misma persona de momento a momento, sino que nos cambiamos de una sub-personalidad o forma mental en respuesta a este o aquel estímulo cambiante. La única diferencia entre Eve, Truddi, Sybil y el resto de nosotros es que las primeras dejan notar sus rarezas: ellas están actuando su rol de múltiples personalidades abiertamente, mientras que el resto de nosotros estamos marchando dentro de nuestros disfraces – nuestro temor a volvernos locos – bien abrochados.

La mayor parte de lo que consideramos "nosotros mismos"– los pensamientos, sentimientos y percepciones que ocupan nuestra mente consciente la mayor parte del tiempo que estamos despiertos; la intuición de que hay un "nosotros" continuo – es solamente un conjunto de hábitos y predilecciones aprendidos de nuestros padres y la sociedad. Cada uno de nuestros hábitos de pensar, sentir y creer es una *forma mental* ("thought form") – una conducta aprendida (que algunos autores, tales como Richard Dawkins y Daniel Dennett, han utilizado el término *meme* en vez de *thought form*). Casi todo lo que nosotros pensamos, creemos o percibimos es justo lo que nuestros padres y nuestra sociedad piensan, creen y perciben; y estos pensamientos, creencias y percepciones tienen una consciencia propia y una voluntad de vivir. Nosotros los creamos con nuestras decisions; y les soplamos el soplo de vida con nuestra atención.

Básicamente, cada vez que pensamos un pensamiento, estamos canalizando a una forma mental; sin embargo, ésta es una manera inexperta de canalizar porque carece de sentido. Las formas mentales atrapan nuestra atención y dicen: "¡Piensa ésto!, ¡Piensa lo otro! ¡En respuesta a esto, has aquello! ¡Recuerda esto! ¡Desea esto!" Y bla bla bla un sinfín de habladurías todo el día todos los días. Las formas mentales son nuestro "piloto automático"; y a pesar de que nosotros mismos los creamos, después quedamos sujetos a su control.

Nos acomodamos a sus dictados y raramente se nos ocurre detenernos y preguntar: "Por qué?, ¿Por qué pienso este pensamiento? ¿Continuar con este pensamiento va a beneficiarme de alguna manera? ¿De donde proviene ese pensamiento? ¿En que punto de mi vida comencé a tener este pensamiento? ¿Cuándo lo hice parte de mi repertorio usual de pensar?" Etc.

Hacer este tipo de preguntas y poner atención a las respuestas se llama *Imaginación Activa*, y es una forma más funcional de canalizar formas mentales que la forma normal de pensar. La imaginación activa es una técnica inventada por Carl Jung, y la he descrito exhaustivamente en mi libro *Thought Forms* (Formas Mentales). En la imaginación activa interactuamos con nuestras formas mentales, mientras que en el pensamiento normal solo reaccionamos y nos cuadramos y hacemos el saludo a cualquiera forma mental que se nos plante. La imaginación activa se nos facilita usando la escritura automática (que aprenderemos más adelante). La escritura automática es un refinamiento de la técnica de imaginación activa, pero no significa que sea la única forma de hacerlo. Algunas personas de naturaleza introspectiva y pensativa trabajan la imaginación activa continuamente sin saberlo o prestarle mayor atención. Sin embargo, la imaginación activa es una forma completamente diferente de canalizar formas mentales de la manera habitual de pensar.

Así que las formas mentales – patrones habituales de pensamiento aprendidos de nuestros padres y la sociedad – dan cuenta de casi todo lo que consideramos "nuestros pensamientos e impresiones"; y los espíritus, tanto benévolos como maléficos, dan cuenta de casi todo lo que sobra. La diferencia principal entre formas mentales y espíritus es que las formas mentales están dentro de nosotros, creadas por nosotros, son una buena parte de nosotros; mientras que los espíritus están afuera de nosotros. Cuando canalizamos, por ejemplo mediante la escritura automática, nos topamos con una plétora de entidades – tanto formas mentales como diferentes espíritus – así que es aconsejable conocer las diferencias entre estas variadas entidades.

Existen muchísimas clases diferentes de espíritus en el mundo. En lo que se refiere a nosotros, también somos espíritus. Algunos espíritus son completamente inútiles para los humanos – ni siquiera nos podemos comunicar con esta clase de entidades. Otros son cositas desagradables y es mejor evitarlos totalmente. Y hay otros que pueden ser muy serviciales para los humanos por un sinfín de razones.

El uso de los espíritus de la naturaleza, como espíritus del agua para lavarnos de nuestro engreimiento y ayudarnos a sintonizar con nuestros sentimientos verdaderos de felicidad y paz con el resto del mundo, será descrito en un ensayo posterior. El uso de los espíritus de arboles está descrito en mi libro *Thought Forms*.

También hay espíritus que supervisan actividades particularmente humanas, como la agricultura, arte, construcción, cocina, sanación, matemáticas, minería, etc. etc. Cada esfuerzo humano tiene una cuadrilla de espíritus apropiados para eso, que guía a practicantes individuales y también ayuda a expandir el conocimiento humano común sobre todas las artes, artesanías y ciencias. Un profesional competente e inspirado en algún campo está constantemente recibiendo inspiración y nuevas ideas de los espíritus que perciben su campo. No obstante, como es el caso con las formas mentales, la mayoría de las personas cree que cualquier inspiración que recibe en este estilo es "su" idea, cuando realmente ha sido transmitida por un espíritu. Ser un profesional en cualquier campo es ser un canal claro para los espíritus que perciben dicho campo.

Y por fin llegamos a los espíritus guías personales – los que algunos llaman "ángeles" – y que nos atienden personalmente. Estos son espíritus que son asignados a seres humanos individuales y nos atienden como guardianes. Todos tenemos por lo menos un espíritu guía personal en todo momento, pero muchas personas tienen varios o muchos de ellos, los cuales pueden variar a través de su vida.

Tanto las formas mentales como los espíritus guías pueden ser canalizados utilizando las mismas técnicas – como también otros espíritus: Jesús y María, Krishna, espíritus de la naturaleza, demonios, personas recientemente fallecidas, etc. – sin embargo, las formas mentales y los guías espirituales son entidades completamente diferentes. Las formas mentales son de nuestra creación; ellas guardan la misma relación hacia nosotros que nosotros hacia Dios. Los guías están un poquito más arriba que nosotros en el sentido de que son más sabios, poseyendo puntos de vista más amplios y corazones más amorosos, pero no están mucho más arriba.

Muchos guías espirituales han tenido encarnaciones humanas. Algunas veces los amigos ya fallecidos, parientes, ancestros, y hasta fetos abortados se vuelven guías espirituales; y uno de mis propios guías me ha contado que hay vidas/realidades en las cuales yo soy su guía espiritual. Me imagino que esto es igualmente provechoso en las vidas de otras personas.

Hasta recientemente en la historia de la humanidad (los últimos miles de años) el conocimiento mágico – la aplicación práctica de la intuición – se pasaba de generación a generación, tal como el conocimiento agrícola o matemático. Sin embargo, por la naturaleza de los tiempos, la mayor parte de ese conocimiento se perdió según morían los practicantes más habilidosos sin dejar herederos. En ese intervalo, la Hermandad Blanca, el gremio de los espíritus guías, vino a llenar el vacío para conducir a la humanidad en una dirección mas o menos correcta durante esta era de sonambulismo/materialismo.

Hay una amplia red extendida a través del mundo encadenando a grupos de espíritus y canales humanos, enviando filamentos de luz alrededor de la Tierra para amarla y sanarla. Aprender a canalizar a sus guías espirituales conscientemente es unirse a esta fraternidad de luz.

El canalizar guías espirituales as algo que todos hacemos todo el tiempo. Los psíquicos son las personas que lo hacen deliberadamente: ellos distinguen entre sus propios pensamientos y sentimientos, y los mensajes recibidos de sus guías.

La mayoría de las personas no escuchan o prestan atención a otras personas (padres, cónyuges e hijos), mucho menos a las voces de sus guías espirituales cuando están tratando de decirles algo. Cuando un pensamiento o sentimiento dirigido por un guía espiritual aparece en nuestra consciencia, solamente lo rechazamos o ignoramos.

En este artículo voy a presentar cómo canalizar guías espirituales a través de la escritura automática; pero debe de quedar claro que la escritura automática es tan solo una forma de hacer que canalizar sea algo deliberado y especial, de otorgarle un aura de misterio. Al distinguir el proceso de canalizar de esta forma, es más fácil comprender y aprender – aprender en el sentido de separarlo de nuestra forma normal de pensar; y sentir y comprender cuando "nuestros" pensamientos y sentimientos se interponen, y cuando están siendo pasados por un espíritu guía. El canalizar puede hacerse vía nuestro propio pensamiento y sentimientos; en trance; en sueños, o por medio de escritura automática. La escritura automática no es tan clara como el trance – pues puede haber más agregados personales que se filtran – pero tiene la ventaja de dejar un registro escrito de los mensajes de los guías (lo cual a veces nos ayuda en referencia futura; hay muchas cosas que los espíritus nos dicen que tienen más sentido en retrospectiva).

Personalmente le he enseñado a cientos de personas a canalizar a sus guías espirituales, y de ellos solo una media docena se ha bloqueado tan totalmente que no pudieron lograrlo. Nadie necesita un maestro para enseñarle algo tan fácil y básico como canalizar. De lo único que sirve mi presencia es para que se sientan más seguros y se dediquen con perseverancia a ello. Tengo una personalidad un tanto despótica que espera y asume que pueden canalizar exitosamente – y eso no le deja margen a mis estudiantes para sus duda de fracasar; pero esto es solo una estratagema didáctica. Estoy convencido que cualquiera que quiera canalizar puede hacerlo sin necesitar de un profesor.

Es mejor atreverse a canalizar mediante la escritura automática cuando tenga algún problema urgente o cuando esté movido por una curiosidad fuerte de comunicarse con su guía espiritual. La curiosidad ociosa no tiene suficiente poder para crear una cadena de comunicación clara. La razón por la que algunas personas se bloquean o rechazan la idea completamente es porque ellos no quieren enfrentarse al factor de no ser seres sólidos, individuales; sino mas bien un flujo de formas mentales (imágenes, opiniones, creencias, expectativas aprendidas de sus padres y la sociedad), siendo instados por fuerzas espirituales.

En otras palabras, abrirse a canalizar significa deshacerse de muchas suposiciones comunes acerca de la existencia personal. Algunas personas encuentran esto aterrorizador. Si usted se da cuenta de que se está bloqueando, simplemente deje el proyecto a un lado hasta que tenga extrema necesidad; esto será suficiente para romper el bloqueo. Como todo en la vida, canalizar resulta más fácil para algunas personas que para otras (como, por ejemplo, las personas con Neptuno bien aspectado con su Sol o Luna); pero cualquiera puede hacerlo si persiste en la idea.

Escoja un momento en que se encuentre relajado, alerta, tranquilo y no vaya a ser interrumpido. Estar en un sitio de poder o cerca de un árbol de poder es de gran ayuda. Acuéstese o siéntese, como usted lo prefiera, con papel y bolígrafo en mano (canalizar puede hacerse también con una máquina de escribir o con una compu). Escriba tanto las preguntas como las respuestas tal como se le presenten a usted, en forma de diálogo. Pida a sus guías que por favor le hablen. Por ejemplo, usted podría empezar de esta manera:

Yo: "Mis guías espirituales, ¿pueden venir a hablarme, por favor? Estoy tratando de estar abierto ahora y quiero escuchar lo que tienen que decirme. Tengo un problema que necesita respuesta; vengan ustedes, por favor, y háblenme acerca de ello. Etc. Etc."

Esto es solamente un ejemplo, usted debe pedir a sus guías que le hablen utilizando sus propias palabras y sentimientos. Siga escribiendo, siga persuadiéndoles, hasta que usted empiece a sentir que una respuesta se forma en su mente, y entonces escríbala. El truco para que esto funcione es no parar de escribir. Ese es el propósito de la escritura: enfocar su atención en el acto de escribir para que haya menos espacio para la duda, vacilación, miedo, etc. Siga escribiendo como si estuviera tomando notas en el aula, aunque usted esté solamente escribiendo la misma súplica una y otra vez. Hágalo de corazón, no mecánicamente, y eventualmente usted empezará a obtener una respuesta. Es tan sencillo y directo que usted no va a creerlo. Si usted sospecha que se está bloqueando, trate de escribir utilizando su mano no dominante, Habitualmente, algunas palabras o frases aparecen en su mente al mismo tiempo, un poco más rápido de lo que usted puede escribirlas; algunas veces pueden aparecer párrafos enteros de una sola vez. Usted inclusive podría ver fotos de recuerdo con el ojo de la mente, o escenas de sueños mientras usted escribe. Anote todo esto porque todo es relevante, aunque no tenga sentido en este momento, eventualmente lo tendrá cuando en el futuro relea sus notas.

    Si en respuesta a sus súplicas no le llega nada a la mente, o si todo lo que llega no tiene sentido, usted se está bloqueando. Su consciencia podría estar diciendo: "Esto no está funcionando, no lo estoy haciendo correctamente", o "Debe haber algún truco que yo no sé" en su esfuerzo por subvertir el proceso. ¡No caiga en ese error! Siga intentándolo, siga escribiendo, aunque todo lo que obtenga no tenga sentido. Solamente la confianza le puede ayudar en la escritura automática, si no, se va a encontrar enredándose con sus dudas. La duda es la enemiga de toda magia, y puede romper completamente el principio de la escritura automática. La fe es la clave de éxito y la curiosidad es una cualidad valiosa. Mantenga en mente que sus guías espirituales estarán emocionados al abrir este canal de comunicación con usted y harán todo lo que puedan de su parte para ayudarle. Siga escribiendo, y en algún momento dado su mente consciente se relajará y usted principiará a escribir automáticamente. Entonces, simplemente escriba lo que su espíritu guía le diga, haciendo todas las preguntas que usted quiera.

    Pregunte a sus guías como se llaman y si tienen mensajes específicos que darle. Algunas personas ven a sus guías con el ojo de la mente; aunque yo jamás he podido lograrlo de esta manera, si los he visto en mis sueños. En la escritura automática, a diferencia de canalizar en trance, hay mucho de médium mezclado en el mensaje.

Uno de mis espíritus guías también se canaliza a través de otras personas; la misma entidad se comunica de forma diferente con cada uno de nosotros. Ella habla inglés con aquellas personas cuya lengua nativa es el inglés, y español con aquellos que hablan español; y su dicción, intereses, etc. reflejan las de la misma persona que la canaliza. Lo que es invariable de canal a canal es su sentimiento, el sentido de su presencia y el significado y dirección de su pensamiento. Sus relaciones con los diversos canales son tan variadas como lo son sus canales.

Es difícil generalizar acerca de los guías espirituales – cada uno es diferente, tal como las personas somos diferentes. Ellos nos hablarán de forma que podamos entenderlos, se dirigen a nosotros de acuerdo a de donde venimos, en palabras que conocemos, Si hay algo que no queremos oír, lo podemos bloquear fácilmente, tal como bloqueamos a las personas que no queremos escuchar,

Algunas veces mis guías tienen que aguardar el momento en que me encuentro muy relajado o de mente abierta para somatarme con algo que yo no quería discutir; y de vez en cuando los enfrento: "¿Por qué no me hablaron de esto antes?", y lo usual es que me respondan: "Se lo estuvimos diciendo desde hace tiempo, pero usted se negaba a escuchar."

Una vez usted haya aprendido la técnica de la escritura automática, usted podrá canalizar cualquier espíritu y no solamente a sus guías personales. Pueden ser espíritus de la naturaleza, personas recientemente fallecidas, incluso a Jesús, María. Krishna, Buda, los santos, etc. Si embargo, Dios no puede ser canalizado de esta manera porque Dios no "habla". Si usted obtiene un mensaje que es supuestamente de Dios, es algún espíritu sabelotodo haciéndole una jugarreta.

Usted podrá preguntarse, cómo saber si está canalizando espíritus malignos, Todo lo que puedo decirle es que a todos los espíritus malignos (demonios) con los que me he cruzado en mis canalizaciones, no les importaba decir quiénes eran y lo que querían. Los espíritus malignos buscan cómplices dispuestos a escucharlos: necesitan una decisión consciente de su parte para cometer alguna maldad. No pueden engañarlo en contra de su voluntad; eso sí, a veces aparecen con ofertas muy tentadoras.

Yo diría que si los mensajes que recibe están repletos de alabanzas de qué tan maravilloso es usted y qué lástima que nadie lo comprenda, de tanto que tiene que soportar – entonces, probablemente, esté canalizando demonios. Los guías espirituales verdaderos le darán ayuda cuando se siente deprimido, pero le darán una patada en "salva sea la parte" si está lleno de lástima para sí mismo. Su meta es llevarlo al punto donde sus verdaderos sentimientos están funcionando correctamente, al punto en que ya no los necesite más.

Muy bien, así que ahora ya es un psíquico profesional, listo para colgar un anuncio afuera de su casa y cobrar por sus servicios. ¿Y ahora qué?

Generalmente los guías espirituales son inútiles para apostar en las carreras de caballos, números de lotería o, incluso, para predecir la llegada de eventos específicos. Si lo que usted quiere es predicciones, es mejor utilizar la astrología horaria o la lectura del tarot, etc. que preguntar a sus guías. Mi experiencia es que los guías espirituales pueden predecir la llegada de ciertos eventos cuando sean ellos los que proporcionan la información voluntariamente; pero ellos no quieren, o pueden, predecir eventos simplemente porque usted lo requiere. Esto es debido a que los guías espirituales ven las cosas de forma muy diferente a como nosotros las vemos; ellos están en otra onda y las cosas que son de crucial importancia para nosotros no son relevantes para ellos. A los espíritus no les importa lo que nosotros llamamos "el futuro". Ellos consideran nuestra obsesión acerca de esto como una peculiaridad de nuestra especie, escasamente digna de ser tomada con seriedad.

Las cosas que los espíritus creen que deberían ser muy fáciles para nosotros con solo un simple acto de desearlo (como romper hábitos dañinos, adicciones, miedos, etc.) son, de hecho, las que presentan dificultades insuperables y los espíritus no lo pueden apreciar así. Aun aquellos guías espirituales que han tenido encarnaciones terrestres se olvidan de como es la vida aquí. Las cosas no son tan simples como ellos consideran, porque ellos no tienen que sentir las dudas, miedos, inercia, tentaciones, impuestos, etc.

Tampoco son capaces de sacarnos de un lío, salvarnos la piel, o cambiar las circunstancias de nuestra vida. Hay espíritus que nos pueden asistir – hasta cierto punto – con problemas concretos de nuestra vida; pero los guías espirituales son básicamente consejeros, no empleados.

Los guías espirituales no pueden vivir nuestras vidas por nosotros, no pueden sentir nuestros sentimientos por nosotros, no pueden absorber o rechazar nuestro dolor por nosotros, ni resolver nuestros problemas o encontrar nuestra felicidad. Lo que sí pueden hacer es enseñarnos a tomar responsabilidad para hacer estas cosas nosotros mismos.

Que Podemos Aprender de Las Plantas

"Esta jovencita sabía que moriría en los próximos días, pero cuando le hablé, ella se encontraba tan feliz aun sabiéndolo. 'Me siento agradecida de haber sido golpeada tan fuertemente por el destino', me dijo. 'En mi vida anterior estaba muy malcriada y no tomaba con seriedad los logros espirituales.' Señalando a través de la ventana de la choza, dijo: 'Ese árbol allí ha sido el único amigo que he tenido en mi soledad.' A través de esa ventana ella podía ver solo una rama de un castaño, y en esa rama había dos flores. 'A menudo le hablo a ese árbol' me dijo. Esto me sorprendió y no sabía cómo tomar sus palabras. ¿Estaba delirando?, ¿Tenía ella alucinaciones ocasionales? Ansiosamente le pregunté si el árbol le respondía. 'Sí', ¿Qué le decía?, ella contestó: 'Me dijo: estoy aquí – estoy aquí – yo soy vida, vida eterna.'" – Viktor Frankl, *La Búsqueda del Hombre por el Significado*

Lo que las plantas nos enseñan es como estar felices. Eso no lo podemos aprender de otras personas, porque generalmente las circunstancias no son de felicidad; al contrario, es de estar serios, atemorizados, oprimidos y centrados en nosotros mismos. Por lo tanto, para aprender a ser felices, debemos recurrir a las plantas. Si pudiéramos aprender primero a ser felices de las plantas – quienes no están allí para causarnos dolor – podríamos aprender a ser felices con nuestros semejantes.

Desde luego que la alegría que recibimos de las plantas no tiene el brío de una pareja sexy, o de la aprobación de nuestra mamá, o de las felicitaciones del jefe; pero siempre está allí. Eso es lo agradable. Sin importar qué tan horribles sean sus vidas o cuánto rechazo les apilen sobre los hombros, las plantas siempre están felices.

En un aeropuerto cercano hay un arriate frente a la entrada de abordaje, y cuando el viento sopla sobre el arriate, los arbustos ondean "¡Adios, adios!", "¡Bon Voyage!","¡Bye, bye!", "¡Feliz viaje!" a todos los pasajeros. Nadie les presta atención; pero a las plantas no les importa. Ellas no necesitan que las reconozcan o las aprueben para ser felices. Ellas están allí para derramar amor al mundo. Ese es su empleo, y la gente que pasa recibe ese amor sin importar si están conscientes de ellas o no.

Las plantas son las que hacen que este mundo no sea un mundo del infierno. No hay plantas en un mundo infernal. Las plantas de este mundo no son solo el peldaño más bajo de nuestra cadena alimenticia, son las que nos mantienen anclados al amor de la Tierra. No son únicamente la fuente de todo nuestro oxígeno; son la fuente de todo nuestro amor. Todo lo que hacen es mandar amor.

Lo que podemos aprender de las plantas es que el amor está en todo nuestro entorno – nos tiene copados – en todo momento, en cada minuto; si solo tuviéramos la inteligencia para verlo, para sentirlo. Se nos están ofreciendo amor todo el tiempo, pero lo rechazamos porque no comprendemos que eso es el amor: creemos que el amor debería ser más vigoroso, en vez de callado, pacífico y ondeando en el aire.

El amor que las planta nos ofrecen – el sonido de las hojas crujiendo, el aroma de las agujas del pino – es todo lo que hay. Esto no es una metáfora poética: es un hecho frío y duro de la vida. Si nosotros queremos/necesitamos/deseamos algo que nos haga felices más allá de lo que las plantas nos ofrecen, entonces estamos sin suerte, porque eso es todo lo que hay. Si no podemos encontrar felicidad con lo que está sucediendo afuera de nuestras ventanas en este momento, entonces no tenemos suerte.

Sintonizar con las plantas es bastante fácil. Primero tienen que tener la convicción de que en realidad hay algo que pueden aprender de las plantas. No pueden adentrarse pensando que ustedes son mejores, más inteligentes, o superiores a las plantas. A todos se nos ha enseñado que somos mejores que las plantas, tal como se nos ha enseñado que somos superiores a las demás personas; y así como no le ponemos mucha atención a esas personas que son inferiores a nosotros, tampoco podremos sintonizar con los sentimientos de las plantas si nos sentimos superiores a ellas. Nos será fácil deshacernos de este prejuicio si mantenemos en la mente que realmente lo único que importa en esta vida – el ser felices con nosotros mismos – las plantas nos llevan la delantera con mucha ventaja.

Vaya a las plantas todos los días por lo menos por 15 a 30 minutos; vaya y siéntese bajo un árbol, quizás durante su hora del almuerzo. Es mejor hacer un espacio para usted durante el día como un descanso del frenesí diario, pero hágalo en la noche si no encuentra tiempo a otra hora. Pero vaya a diario, sin ausencias; y mejor si solo. Haga de esto el momento más importante de su agenda porque este breve espacio que reclama para sí mismo es inviolable. Si hace de esto una decisión firme – que ser feliz es una prioridad inalterable en su vida – entonces la felicidad misma le seguirá naturalmente.

No hay instrucciones precisas de a donde debe ir y qué tiene que hacer allí. Si hay un árbol especial, o un bosquecillo o prado que le llama la atención, entonces diríjase ahí. Si no, vaya a donde se sienta bien o a donde le sea conveniente ir. Si es posible, aléjese de la gente y haga lo que sienta que tiene que hacer. No hay un procedimiento en particular, y no espere nada en particular. Talvés las plantas le empezarán a hablar si usted se los pide de buena manera. Puede que nunca sienta algo afuera de lo común, a no ser por un sutil sentimiento de relajación, una livianidad general de toda su vida, según transcurra el tiempo.

Lo que las plantas nos están ofreciendo es amor verdadero, si es que nosotros queremos aceptarlo. Ellas nos lo darán ya sea si sentimos o no sentimos que ellas lo están haciendo, si somos conscientes o inconscientes a su amor. Así que no se preocupe si al principio no siente que puede unificarse con ellas. Todo lo que se requiere de usted es que esté seguro de querer una alianza con ellas y ponerse bajo su tutelaje. Ellas encontrarán la forma para comunicarse.

Pueden estar seguros que las plantas ya están actuando sobre ustedes, les llevará un tiempo comprender que es lo que ellas están haciendo pero pronto se percatarán que ellas pueden calmarlo y consolarlo sin importar que tanto corre-corre (frenesí) hay en su mundo de humanos.

En otras palabras, la interacción que tenemos con las plantas es de un orden diferente al que tenemos con nuestros semejantes. Interactuamos con las plantas en un nivel intuitivo, un nivel de sentir; y con otras personas en un nivel de pensamiento y de competición, (imágenes, expectaciones, defensas, etc.)

A casi todos se nos ha olvidado como relacionarnos a un nivel de sentimientos, pero las plantas nos enseñarán como hacerlo si nosotros queremos seriamente aprender un poco más cada día.

No puede esperar resultados inmediatos, pero seguramente después de 6 u 8 meses yendo a ellas todos los días, por lo menos empezará a notar lo que ellas están haciéndole. Cuando llegue al momento en que el tiempo que pasan con sus plantas es el punto sobresaliente de su rutina diaria – entonces se puede decir que han arribado: entonces comprenderán lo que podemos aprender de las plantas.

Comunicandose Con las Plantas

La experiencia de las plantas de lo que es nuestro mundo es muy diferente a la de nosotros, los animales. Por el hecho de no tener movilidad, ellas viven en un estado de completa aceptación y paz entre sí mismas y dentro de sí mismas. Las emociones tales como el miedo, odio, celos, posesividad, etc. son totalmente desconocidos – pues no les sirven de nada. A cambio, las plantas pueden percibir un amplio rango de "emociones superiores" que nosotros, los animales, no podemos ni siquiera concebir.

Al mismo tiempo hay algunos sentimientos (sensaciones) que las plantas y nosotros compartimos, tales como amor, dolor, felicidad, sed, etc., y son estas sensaciones que compartimos las que nos permiten comunicarnos con ellas.

Los sentimientos con las plantas no son muy diferentes de los sentimientos con las personas. Por ejemplo: cuando estamos a punto de tener un encuentro sexual con alguien que nos gusta muchísimo, sentimos una oleada palpable de energía sexual que nos conecta a ella. Similarmente, cuando entramos a un cuarto a enfrentarnos con alguien que está más enojado que el demonio con nosotros, nos sentimos conectados con esa persona por una oleada de miedo y furia. Cuando un bebé nos sonríe sentimos una oleada de felicidad y automáticamente le sonreímos. Sin embargo, casi todas nuestras interacciones con las personas no nos dejan este sentimiento de conectividad emocional inmediata. La mayoría del tiempo ni siquiera miramos a los ojos de la persona a la que nos dirigimos, mucho menos conectarnos con ella.

A causa de nuestro entrenamiento social tendemos a sentir que compartir sentimientos con otras personas es amenazador. Se nos enseña a enconcharnos y defendernos y a mantener nuestras relaciones tan estériles y vacías de sentimientos como sea posible.

Para poder comunicarse con las plantas (o personas) usted debe ser capaz de considerarlos sus iguales. Si usted siente miedo o vergüenza al hablar con la gente desposeída, mendigos, locos, etc., encontrará que hablar con las plantas es difícil. Sin embargo, es mucho más fácil comunicarse con las plantas que con las personas porque las plantas no tienen implantadas defensas o agendas de importancia personal que a la vez despiertan nuestra defensa, agenda... etc. El sentir con las plantas o personas no significa ser efusivos con ellas; solo significa reconocer que son seres cuyos sentimientos son tan importantes para ellas como los suyos son para usted.

Es importante que cuando principia a querer comunicarse con las plantas, lo haga con las mismas plantas individuales todos los días. Idealmente debería llegar a donde está el mismo árbol o prado a la misma hora y estar con él/ellos por lo menos por algunos minutos. Si esto no le es posible, trate de cultivar algunas macetas y le funcionará igual de bien aunque es más fácil hacerlo con árboles grandotes. Esto es porque desde el mismo punto de vista, los humanos y los árboles somos muy parecidos – la configuración de hilos de luz (brillo del aura) es similar, mientras que la de los insectos, por ejemplo, es muy diferente a estas dos primeras. A los dos nos es más fácil comunicarnos entre nosotros que con los insectos.

Hasta la persona menos psíquica debería poder sentir algo de la personalidad (estado anímico) de un árbol cuando lo trepa y lo abraza. ¿Cómo le hace sentir, triste, amoroso, divertido, pesado? ¿Puede decir de qué sexo es, se siente macho o hembra?, O de su edad: ¿joven y vigoroso, o viejo y añejado?

No crean que esto es difícil, le pueden pedir a sus sentidos que se vigoricen, como en el ejercicio de ver dibujos en las nubes, excepto que ahora lo hacen con sentir en vez de con pensar – relájense cada vez más profundo en vez de controlarse. Es exactamente lo que un materialista llamaría "antropomorfismo".

Por ejemplo: árboles espinudos, como los palmetos o el árbol de Josué, tienen una energía salsera y masculina. Los cipreses tienden a ser payasos o sabelotodos. Los bananales son llenos de alegría y amorosos. Los sauces llorones generalmente tienen un aire acongojado. Los árboles altos y rectos tienen personalidades orgullosas y de realeza. Los que parece que añoran alcanzar el cielo, generalmente están tratando de alcanzarlo.

Un buen momento para tratar comunicarse con los árboles es cuando están agonizando. La próxima ves que vea que están talando un árbol, haga una pausa, aquiete su mente y obsérvelo atentamente. Usted fácilmente sentirá su agonía justo antes de caer; pues los árboles (y todos los seres vivos) están llenos de poder en el momento de su muerte y afectan profundamente a los seres que se encuentran en su cercanía. Los leñadores lanzan un grito triunfal de ¡Cae! en ese momento para tratar de enmascarar su sentimiento de vergüenza y desconexión – para bloquear la comunicación con el árbol al momento de su muerte.

Otro buen momento para conectarse con un árbol es cuando está en movimiento. Las plantas se sienten más felices cuando se mueven – movidas por el viento y la lluvia. Salúdenlos cuando ellos los saludan (esto es buena educación). Véanlos danzando con la brisa. Noten como la vegetación que está a la orilla de los caminos les da su bendición a aquellos que pasan bajo sus ramas. Fíjense como las puntitas más tiernas están más alertas, vigorosa e inocentemente impetuosas que las hojas más viejas y obscuras de las ramas inferiores. Estén conscientes de que ellas también están conscientes: cuando pasean por un bosque o un prado, sientan como si están caminando rodeados de un montón de gente que también lo está observando.

Algunas personas pueden captar lo que sienten los árboles al "ver" caras en sus cortezas o su follaje. Ellos imponen una forma mental (de una cara sonriente, agria, coqueta) sobre lo que siente el árbol, pues esta es la manera en que estamos acondicionados a interpretar sentimientos – asociándolos con expresiones faciales.

A lo que estoy tratando de llegar es a lo que usted siente, lo cual se puede lograr directamente sin hacer uso de pistas sensoriales. Sin embargo, los sentidos sirven como un puente entre la imaginación y el sentir puro, que es como se funciona en los sueños. Cuando usted ve con sus sentimientos en vez de con su mente su atención visual no está enfocada en algo específico, sino que todo lo que queda dentro de su campo de visión tiene el mismo impacto, o vividez, a como sucede en los sueños. Para poder ver así, se debe aquietar la mente y estar en un estado de feliz abandono. Si se encuentra enojado o lleno de ira no podrá notar lo que sienten las plantas, así como no notaría si le sonríe un bebé.

Mucha de nuestra enseñanza social se enfoca en no enseñar nuestros sentimientos, ni ver lo que está frente a nuestros ojos, no escuchar lo que oyen nuestros oídos, ofendernos ante un mal olor y descomponernos si alguien nos toca. Suprimir nuestros sentidos nos deja sintiéndonos apáticos y desconectados del mundo.

Así que para renovar nuestro sentido de conexión (que teníamos de bebés) debemos volver a conectar nuestros sentidos a nuestros sentimientos y como las plantas no nos amenazan, con ellas se puede comenzar.

No solo las diferentes especies de plantas están asociadas a diferentes sentimientos, sino que hay una diferencia considerable entre una y otra de la misma especie, entre diferentes ramas de la misma planta, y hasta en diferentes hojas de la misma rama. Si presiona suavemente una hoja entre los dedos pulgar e índice, podrá sentir cuales quieren que las corte para hacer medicina o para alimentarse; y cuales otras solo quieren que las deje en paz. Las que si quieren que las corte se sienten con una alta vibración, mientras que las otras se sienten muertas.

Aun cuando pareciere que usted no puede sintonizarse con los sentimientos de las plantas, sí puede hablarles telepáticamente. Ellas le pueden hablar a sus pensamientos y éstos, al principio, parecerán iguales a los pensamientos suyos. Le parecerá que usted está pensando estos pensamientos, cuando en realidad son las plantas las que le mandan los mensajes. Es por eso que es tan importante tener la mente tan sosegada como sea posible si espera que ellas le hablen. Si su mente está llena de pensamientos no habrá forma de que ellas puedan decir ni una palabra.

Viviendo la Magia

Cualquier pensamiento o sentimiento que tenga mientras está sentado bajo un árbol o trabajando con sus plantas es, probablemente, un mensaje de ellas.

Entonces, ¿cómo sabe que se está comunicando con una planta y no sólo imaginándoselo? La respuesta es: No lo sabe. Vaya con su intuición y no con sus conceptos – esos que le han enseñado. En vez de auto hipnotizarse hasta el punto de creer que el mundo de los conceptos es real, auto hipnotícese para creer que el mundo de los sentidos – de la magia – es real. La única diferencia entre estos dos puntos de vista, iguales de válidos, es que en uno de ellos las plantas le hablan y en el otro no.

Y si se siente avergonzado hablándole a las plantas, recuerde que usted ha sido programado para llamar "mundo real" a algo que es igual de imaginario. Y si usted principia a llamarle de otra forma al "mundo real", entonces ese otro mundo será el mundo real. Si sigue con dudas, pregúntele a la planta una y mil veces: "¿Es usted, señor o señora planta, quien me está hablando, o me lo estoy imaginando?" y si continúa recibiendo la misma respuesta una y mil veces "¡Soy yo, la planta! ¡Soy yo, la planta!", entonces puede estar seguro que es la planta la que le habla, y principie a escuchar lo que tiene que decirle. Puede hacerle preguntas y recibirá respuestas, ambas como si estuviera sosteniendo una conversación entre su mente.

Es fácil aprender a hablarle a las plantas de su jardín o a las que están dentro del hogar, pues esas estarán deseosas de poder conversar sobre su fertilización, agua, sombra, acodos. técnicas de trasplantes, etc. Pero además de hablar de temas tan mundanos, las plantas – en particular los grandes árboles – le pueden aconsejar sobre todo tipo de temas. Cuénteles sus problemas y pregúnteles como puede resolverlos. Algunos de mis mejores amigos y consejeros de confianza son arboles.

Aun cuando no se haya dado cuenta, usted se ha estado comunicando con las plantas desde siempre. Esa paz sanadora y tranquilizadora que siente cuando está jardineando, o está en medio de la naturaleza, es una sintonización a las vibraciones de felicidad que están a su alrededor. Si sigue un pasito más a este sentimiento – hasta su manantial – se habrá puesto en comunicación directa con las plantas.

Es tan fácil como sonreírle a un bebé.

Siguiendo a Sus Sentimientos

Seguir a sus sentimientos (lo que siente: corazonadas, impresiones, intuiciones, etc.) es una de las técnicas más importantes y una de las más fáciles de aprender. Es muy útil en un aprieto – una situación que necesita una reacción inmediata – y también le muestra cómo tener fe en su propio conocimiento interior.

La práctica de seguir nuestros sentimientos no se puede comprender si no lo separamos del concepto de "consciencia conceptual" (forma diaria o normal de pensar), y el estado de "consciencia sensorial" (sentir). Para los aficionados de la filosofía cognitiva materialista, la distinción es entre operar con *formas mentales conceptuales*, por ejemplo: *memes, agentes, esquema unidades de control*; y operar con *formas mentales sensoriales*, por ejemplo: *qualia*. La consciencia sensorial no es muy distinta a nuestra forma normal de pensar, excepto que es un poco mas colorida y "aquí y ahora", como en los sueños. Todos los animales, exceptuando al humano, utilizan esta forma para actuar, decidir a donde ir y qué hacer después.

El seguir las corazonadas nos pone en un estado un tanto cambiado, al que yo lo llamo consciencia sensorial. Yo sé cuando estoy en este estado porque puedo sentir un zumbido característico en los oídos; pero para cada persona es diferente. En este estado uno está más sensitivo y receptivo a los sentimientos – no sólo a los suyos sino a los ajenos: personas, espíritus, plantas, etc. Uno también es más vulnerable cuando se encuentra en este estado, y puede ser víctima de la influencia de los espíritus malignos de la noche. Ellos no le pueden matar o hacer algo drástico como eso, pero le pueden robar la energía. La gente está escudada de esto cuando vive una vida diaria normal (conceptual) por su aburrimiento e insensibilidad, pues está enfocada obsesivamente en sus necesidades de la vida diaria.

Cuando uno ya transita por el mundo sensorial, su intuición (su habilidad de saber algo directamente) está operando y es funcional – tal como pensar está operando en modo conceptual. En modo conceptual usted resuelve sus problemas pensando. En modo sensorial lo hace sintiendo (aun cuando sigue pensando, justo como en modo conceptual aún sigue sintiendo).

Cada vez que siente sentimientos en el momento presente, está en modo sensorial. Orgasmo, dolor, risa, furia, escuchar música, etc. – lo que algunos llaman "fluir" – toma lugar en modo sensorial, que interpenetra al modo conceptual. El modo sensorial es el nivel de ensoñación de la vida diaria. Cuando siente placer, dolor, tristeza, hambre, saciedad, etc. básicamente está ensoñando. Usted está "despierto" solo cuando está pensando, ya que pensar y sentir no son simultáneos y puesto que está pensando la mayor parte del tiempo, le parece que el mundo de consciencia conceptual es el real, y soñar o sentir es una clase nebulosa de tonterías.

¿Y saben? Pensar es una invención reciente en la historia de la humanidad, ni siquiera lleva 12,000 años. Los humanos antiguos no pensaban en qué era lo que harían después – no tomaban decisiones basadas en el razonamiento. Ellos solo sabían lo que tenían que hacer, y lo hacían. Este es el modo funcional para el cazador que debía tomar muchas decisiones instantáneas en el aquí y ahora; mientras que el modo pensante es más funcional para la agricultura, comercio, etc., donde se trata mas del pasado y futuro que el presente. El modo sensorial se asemeja más al modo antiguo del mundo que nuestro moderno modo conceptual.

No hay mucha diferencia entre los modos sensoriales y conceptuales, exceptuando que sentir domina a pensar. Todavía se es capaz de pensar en modo sensorial pero no es primordial, al igual que es secundario el sentir en modo de pensar. Todos estamos cambiando de un modo a otro durante el día todos los días, según detenemos el pensamiento para sentir algo.

Nuestra meta es aprender a entrar al estado sensorial deliberadamente – aprender a separar los dos estados y sostener el de sentir sentimientos más allá de unos pocos momentos, poder movernos de un sentimiento a otro sentimiento tal como nos movemos de un pensamiento a otro pensamiento en el estado conceptual. Esto no es difícil de lograr. Hasta las personas más insensibles pueden lograr hacerlo después de practicarlo una o dos veces.

Cada uno de nosotros tiene guías espirituales que son capaces de cambiarnos a modo sensorial (enseñarnos a seguir nuestros sentimientos); en realidad, esa es su misión principal. Ellos tratan de hacérnoslo todo el tiempo, pero casi todos estamos tan ocupados pensando – aferrándonos al estado conceptual – que no ponemos atención. Aún cuando usted no sea capaz de canalizar a sus guías espirituales conscientemente (con escritura automática), siéntase seguro que ellos pueden cambiar su estado mental en cualquier momento. Si usted toma la decisión firme de aprender a seguir sus sentimientos de buena fe, ellos harán el resto. Téngales confianza. Si usted sigue estas instrucciones, sus guías le guiarán correctamente.

Al principio, cuando aún se está aprendiendo la técnica, generalmente no serán sus propios sentimientos los que está siguiendo, sino los sentimientos de sus guías. Temporalmente uno da sus sentimientos a ellos, y ellos le dirigen y le dicen a donde irá después. Sus guías le darán mensajes ruidosos y bien claros que hasta una persona que se crea poco psíquica podrá comprender. Más adelante, cuando ya comprenda qué es lo que está haciendo, le devolverán las riendas y le dejarán continuar solo.

De allí en adelante, el volverse un mago dependerá de deshacerse de su importancia personal (o pobrecito yo). El creerse importante y el seguir sus sentimientos funciona a la inversa: cuando baja uno, el otro se acrecienta: el enfoque (eso de estar conscientes diariamente de nuestros pensamientos), decrece; crece nuestra consciencia. Enfoque es el opuesto de consciente. La consciencia sensorial es como una animación de Disney de cuando la jovencita penetra en el bosque y de repente todas las flores, los árboles, las mariposas y todos los animalitos se despiertan y bailan y cantan a su alrededor. Si sigue estas instrucciones, algo así le sucederá.

Para principiar a seguir a sus sentimientos, vaya sólo a un lugar de la naturaleza donde no hallan más personas. Usted puede ir acompañado, pero la tendencia humana es tratar de pasarle nuestra responsabilidad a la otra persona. Usted va a morir sólo, así que mejor aprenda a vivir sólo también. Al principio es mejor tratar de hacer esto de noche cuando ya ha dormido unas cuantas horas, pero una vez conquiste ese cambio de consciencia a voluntad, usted lo podrá hacer en cualquier momento del día o la noche. Sin embargo, aprenderlo debe ser hecho de noche porque es entonces cuando nuestros sentimientos están más despiertos. Es por eso que le tenemos miedo a la oscuridad cuando estamos en modo conceptual – porque la noche simboliza sentimientos. En estado sensorial, la noche no da miedo; sino es vigorizante.

Quítese toda la ropa. Si es terreno es muy desigual o podría lastimarse los pies, mantenga puestos sus zapatos; si no, descálcese. La razón para desnudarse es para poder sentir fácilmente las fuerzas a su alrededor – la Tierra, el aire, etc. – que serían sofocados por la ropa. También, si existe un chance de que alguien le vea, el estar desnudos le mantendrá alerta. Si hace mucho frío o está lloviendo, tanto mejor. El estar confortables es el enemigo número 1 de sentir. Para sentir el mundo, debe estar desnudo y vulnerable.

Hay menos sentido del pasado y del fututo cuando se encuentra en alerta sensorial – casi toda la atención está en sintonía con el momento presente. El pasado debe desecharse para entran en alerta sensorial, es como si todo principiara en este momento. Esta es otra razón para desnudarse: simboliza desprenderte de su historia personal. No es necesario tener la mente en calma completa; pero tampoco debe estar resonando con otros pensamientos. Usted se debe encontrar alerta, relajado, y expectante.

Dé la cara al este. Ayuda mucho si sabe leer las direcciones cardinales por la posición de las estrellas, pero si no sabe hacerlo o es una noche nublada, póngase un compás alrededor del cuello. En todo momento y lugar usted debe saber donde se encuentra esta dirección cardinal. Ahora, vea si puede sentir un jalón o empujón hacia cierta dirección. Si no siente algo, lentamente dé una vuelta completa hacia la derecha hasta que sienta un jalón hacia cierta dirección. Puede utilizar sus ojos: escrute el área según va girando para ver si alguna dirección se "ve" correcta. Es difícil explicar cómo se siente este jalón; solo vaya allí y pruebe – pues al hacerlo es mucho más fácil que al explicarlo. Una vez lo haya hecho una o dos veces, va a captar la idea. No es nada difícil de comprender. Cuando éramos bebés lo usábamos constantemente, así que no es como si estamos conjurando un estado desconocido de la nada.

Si se siente conspicuo allá afuera en medio de la noche, o si se siente perplejo, confundido, o desosegado acerca de qué es lo que está haciendo, sepa que esto solo es la importancia personal (pobrecito yo) tratando de salirse de la responsabilidad de continuar en el aquí y ahora. Seguir los sentimientos se hace sintiendo, no pensando. Si se pone a dilucidar si "¿Lo estaré haciendo bien?" está haciéndose una pregunta absurda (aunque natural). Absurda porque hasta en preguntárselo está equivocado. Una pregunta de ese tipo solo tiene sentido en un modo conceptual porque ahí los sentimientos no son importantes – lo importante es la impresión que esté causándole a otras personas. En modo conceptual la pregunta "¿Estoy haciendo esto bien?" no solo es comprensible; sino es el meollo del asunto. Pero en modo sensorial usted está siguiendo sus propios sentidos, así que no hay forma de pasarle este juicio a otras personas – nadie puede sentir sus sentimientos más que usted mismo.

Bueno, pues si se siente atemorizado, está bien. Es normal que la gente se sienta atemorizada cuando su importancia personal está siendo retada. Respire profundamente unas cuantas veces, siéntese, relájese. Mire a su alrededor; escuche los sonidos; sienta la noche.

Puesto que sentir sentimientos sobrepasa el nivel de pensamiento, no hay manera de bloquearlos – usted solo puede culminarlo con éxito. El estar corriendo desnudo a media noche en medio del campo es estar en alerta sensorial. Si se encuentra allí, es porque lo está haciendo bien.

Cuando sienta que una dirección es la correcta, comience a caminar hacia allí. Cuídese de no albergar ninguna idea preconcebida, porque las cosas pueden cambiar de un momento a otro sin previo aviso. Si hace un momento sintió que debía ir en cierta dirección, pero ahora siente de debe ir en otra, olvídese de su primera misión y cambie a la segunda. Cuando está en alerta sensorial no debe ponerse en piloto automático, porque estaría cayendo a modo conceptual. Usted debe estar constantemente alerta para sentir la dirección que debe tomar. Al principio, cuando sus espíritus guías aun lo están dirigiendo, probablemente ellos le harán cambiar solo para mantenerle alerta.

Si en algún momento no sabe hacia donde debe girar, vuelva a colocarse viendo hacia el este y busque desde allí. Si siguen habiendo dos direcciones que le llaman la atención, tome una de ellas y luego cambie a la otra para sentir cual es la correcta (escanee una y luego la otra). Una de ellas se sentirá más fuerte.

Si aun no puede decidirse, comience a girar como trompo como las agujas de un reloj, cada vez más rápido hasta que se colapse en la tierra. La dirección en que caiga, o a la que apunta su cabeza, es la que debe seguir.

Seguir los sentimientos significa seguir los sentimientos. Miedo a perderse no es un sentimiento, es un pensamiento. Usted solo puede perderse en el futuro, porque en el momento presente usted está justo donde se encuentra parado, no está perdido. Así que si está consintiéndose preocupándose de que si se está perdiendo o no, usted ha regresado de alerta sensorial a modo conceptual. En modo sensorial usted sabe que con solo relajarse y seguir sus sentimientos, usted siempre llegará al destino correcto. Si usted no tiene esta convicción – esta seguridad total – usted se ha cambiado de modo.

¡Así que contrólese! No se quede allí parado pretendiendo que no comprende. Usted puede pretender en modo conceptual, puede hacer que le crean que no comprende lo que está pasando, puede pretender ser tonto; en modo conceptual eso es lo que se espera de usted. Pero modo sensorial significa hacerse cargo de sus responsabilidades en vez de retorcerse las manos y pretender que no sabe que es qué.

Cada vez que sienta que se salió de su ruta o ha perdido el hilo, vuelva a asumir su posición principiando del lugar donde se encuentra y siguiendo sus sentimientos desde ese punto. Cara al este, etc., o gire hasta marearse y cáigase. Cuando sigue sus sentimientos en la noche, debe estar especialmente alerta a olores; pues éstos lo pueden guiar en la oscuridad tan bien como sus ojos durante el día. Hay olores que significan peligro, otros, protección, felicidad, etc. Usted recibe este tipo de información mientras camina, sin necesidad de pensar en ello.

En general, debe evitar depresiones (lugares bajos) en la tierra; pues ellos le roban energía. Usted puede sentir como las depresiones tienen vibraciones bajas: los sonidos se hacen más quedos, como si hubiese una presión en sus oídos o su cabeza; o siente como si está atravesando algo viscoso. En lugares altos usted siente más claridad y limpieza: se vuelve más alerta y feliz. En una depresión usted tiende a caminar encorvado, con su cabeza colgando; mientras que en las alturas usted camina derecho, con la cabeza erguida, el pecho al frente, y más feliz.

Un ejercicio que sus guías pueden adjudicarle es el de saltar desde un precipicio o zambullirle en el agua, etc. Esto es para enseñarle a abandonarse, a tomar decisiones en medio segundo, actuar sin pensar o titubear, así como hacen los bebes cuando se estiran para tomar algo sin sentir miedo de somatarse. Es necesario aprender (reaprender) este abandono – pues habrán ocasiones en la vida cuando este abandono es necesario – cuando no hay tiempo para pensárselo o para titubeos e indecisiones. Es natural que al principio uno vacile, especialmente porque a los guías espirituales no parece importarles cuanto va a doler algo. Después de un tiempo, llegará al punto en que usted podrá brincas al sentir la orden sin pensarlo dos veces y sin miedo a lo doloroso que pueda ser o a las consecuencias (desde luego que en lo que aprende la lección, podrá lesionarse varias veces).

Ahora bien, justo como los guías espirituales pueden hacer, también hay seres de la noche que pueden imitar nuestros propios sentimientos cuando estamos en alerta sensorial, algo que no nos pasaría en modo conceptual por nuestra absoluta insensibilidad. Estos seres pueden imitar nuestro sentido de dirección para llevarnos hacia ellos y chuparnos la energía – lo que le haría sentirse enfermo o deprimido por algunos días después de encontrárselos. La forma más sencilla de evitarlos es llevando una vida disciplinada y correcta; de esa forma no le pueden tontear tan fácilmente. Pero la forma en que usted puede saber si son sus propios sentimientos o solo una imitación es que ésta segunda tiene una débil urgencia o intranquilidad asociada, que sus propios sentimientos nunca tienen. Solo recuerde esto: si alguna vez se encuentra en una situación en que parte de usted quiere adelantarse y otra parte le grita que se largue de allí inmediatamente, siga el segundo impulso. Este asunto de los espíritus malignos no se lo digo para atemorizarlo o disuadirlo sino para que tenga un mapa de su territorio tan completo como sea posible. Todas estas cosas se deben integrar en su conocimiento para aprender a tener confianza en su aprendizaje de reconocer sus propios sentimientos. Se va a topar con estas entidades de vez en cuando, aquí o allí, y ellos le robarán la energía y le harán sentirse enfermo por algunos días, pero no es nada insuperable. La única manera de aprender a evitarles es cayendo en su trampa algunas veces.

Cuando esté siguiendo sus sentimientos en presencia de otras personas, ponga mucha atención en cualquier cosa que ellos hagan o digan. Cualquier cosa que alguien le ofrezca en este estado debe ser considerado como un verdadero regalo de empoderamiento – un objeto de poder. Si le ofrecen comida debe considerarla alimento de poder y comérsela despacio, poniendo su atención en ella y agradeciéndola. Cualquier objeto (por ejemplo: hojas, piedras, plumas) que llamen su atención y que sienta que le están pidiendo que se las lleve, deben ser recogidas y consideradas objetos de poder. Solo siendo fuerte y siguiendo su corazón puede aprender qué recoger y qué evitar. Todo esto sucede instantáneamente.

Como una herramienta, la técnica de seguir sus sentimientos es muy útil para localizar lugares de poder o las guaridas de los espíritus de la naturaleza. Pero aparte de ello, muchas veces nos ayuda en situaciones del diario vivir. Una vez estaba yo con un grupo de turistas en pueblo vacacional y todos teníamos hambre, pero no nos podíamos decidir en qué comer. Una persona quería ir a un restaurante, pero a los demás no les gustaba el lugar. Era un lunes por la noche y todos los lugares donde nos hubiese gustado ir estaban cerrados; una persona optaba por pizza y otra por yogurt y frutas, mientras otra quería pollo frito.

Caminábamos cruzándonos por uno y otro restaurante cerrado, debatiéndonos qué hacer y sin llegar a algún acuerdo, cuando yo tuve el impulso de seguir mi propia corazonada. "¡Síganme!", les dije muy optimista. Mis sentimientos me alejaron de la sección turística del pueblo y me encaminaron a la parte alta donde vivían los nativos. Yo sabía que por ahí no iba a encontrar ningún restaurante, pero seguí marchando, cada vez dudando más de mí mismo. De repente nos encontramos con un restaurante que jamás había visto antes, probablemente porque nunca había pasado por allí en estado de alerta sensorial. Entramos y encontramos que tenían pizza, y yogurt con frutas, y pollo frito. La comida era deliciosa y el ambiente amigable. Lo disfrutamos mucho.

Pero el significado de esta técnica va más allá de sus usos mundanos. Cuando aprende a seguir sus propios sentimientos usted sabrá que ellos siempre estarán con usted y que puede depender de ellos. Ya no tendrá que preocuparse de cómo será su futuro, no necesitará tener seguros ni seguridad social ni contingentes para el futuro; pues sabrá que sin importar qué pase, sus sentimientos siempre estarán allí para seguirlos. La práctica de seguir sus sentimientos le enseña a tener confianza – confianza en sus propios sentimientos, confianza en la situación en la que se encuentra, y confianza en saber que podrá enfrentar lo que pueda suceder.

Espíritus del Agua

La auto transformación es un proceso enigmático; todos sabemos como deberíamos ser, como deberíamos pensar o actuar, pero no sabemos como lograrlo. Aún cuando podemos recordar formas en que hemos crecido espiritualmente a través de los años, no logramos comprender esa transformación. En otras palabras, la auto transformación es un proceso que no podemos comprender intelectualmente, sino solo sentirlo.

De hecho, la esencia de la auto transformación es un debilitamiento de nuestro sentido de auto importancia. La teoría de la importancia fue discutida ampliamente en mi libro *Thought Forms*; en esencia, la importancia es como una "goma" que utilizamos para mantenernos en una sola pieza, o como un escudo que esgrimimos contra nuestra muerte. Sin ella estaríamos tan indefensos como un recién nacido – completamente pasivos, vulnerables, e incapaces de lograr algo. Nuestro sentimiento de separación – ese sentimiento que nos señala que somos YO es, ultimadamente, un producto de nuestra importancia.

Por otra parte, la importancia también es la causa de nuestro sufrimiento; una barrera que no solo mantiene alejada a la muerte, sino que también nos separa de, y cierra nuestros corazones a, otras personas, y a nuestros propios sentimientos. Al borrar nuestra importancia también principian a derrumbarse las barreras que nos distancian de otras personas, pero también nos abre al conocimiento que nuestra muerte está respirando cerquita de nuestras nucas.

Hay muchas técnicas para borrar la importancia. La que yo encuentro más efectiva, fácil y divertida es ir a visitar a los espíritus de la naturaleza, especialmente a los de los árboles y el agua. Mientras que algunos espíritus de la naturaleza – especialmente los espíritus de las cuevas y las montañas – pueden ser algo estrictos y difíciles para tratar o necesitan propiciarlos, los espíritus de los árboles y el agua son gentiles y amables, (el océano y sus asistentes, las Ondinas, pueden ser, a veces, bastante desagradables y se les debe tratar con mucho respeto. En este ensayo se asume que estarán visitando espíritus del agua de tierra adentro). Vaya solo a un rio o riachuelo ubicado en un área sin desarrollar y donde no haya gente. Debe ir solo porque si va acompañado tenderá a estar diciéndole lo que siente para recibir revalidación, en vez de tomar responsabilidad por sus juicios intuitivos. Cuando no sepa qué está haciendo, es mejor hacerlo a solas.

Comience por caminar rio arriba poniendo su atención en lo que ve y oye. Los espíritus del agua tienden a estar cerca de donde hay nacimientos, curvas en el rio, pozas profundas, cataratas, rápidos, etc. Generalmente también habrá rasgos físicos llamativos en esos lugares – vegetación fuera de lo común en las orillas, o formaciones rocosas llamativas. Muchas veces el sonido del agua será diferente – si estaba burbujeante de repente es silenciosa o viceversa. En otras palabras, usualmente habrá cambios sensoriales que indican que un espíritu del agua está presente. Sin embargo, usted también debe poder sentir que allí hay un espíritu del agua – que este trozo particular del rio tiene un sentimiento particular (una personalidad) diferente al resto. Cada vez que sienta que ha llegado al lugar correcto, puede estar segurísimo que ha llegado al lugar correcto. Tenga confianza en sí mismo.

Siéntese en la orilla y relájese. Háblele al espíritu. No se va a sentir tonto si lo hace estando a solas. Dígale al espíritu quien es usted y qué es lo que le trajo aquí. Pídale que le ayude a limpiarle de su importancia. Luego desnúdese y salte al agua o, si es poco profundo, métase y juguetee adentro. No use jabón. Si siente que el agua no está polucionada, tome un pequeño trago. Luego dele gracias al espíritu, séquese, vístase y abandone el lugar.

Si le es posible, usted debe regresar a este espíritu toditos los días y repetir el ejercicio. Si no lo puede hacer a diario, vaya tantas veces como le sea posible, por lo menos una vez semanalmente, aun cuando esto signifique ir cuando esté nevando. También debe ir cada vez que alguien le ha echado malas vibras, o cuando se siente deprimido, desesperado o siente lástima de sí mismo. Quizás no sienta mayor diferencia después de ir a visitarle las primeras veces; pero después usted definitivamente notará lo que el espíritu está logrando. Habrá veces, especialmente cuando va con mucho desasosiego o se siente disgustado – cuando se maravillará de qué tan rápido se calma y sosiega.

Los espíritus del agua en verdad se "comen" su importancia – para ellos es una clase de comida que les está ofreciendo, así que su relación es simbiótica, no es como si solo usted está ganando con ella. Sin embargo, es una buena idea llevarle un regalito de vez en cuando, tal vez un manojito de flores o una piedrecita linda, o una porción de comida que usted confeccionó amorosamente (con un poquito bastará). A uno tal vez le parecerá que estas muestras no tienen importancia para el espíritu, pero de hecho ellos se sienten encantados con los regalitos y con que usted haya pensado en ellos de antemano.

Usted puede obtener agua bendita del espíritu del agua, para utilizarla en sus purificaciones o para bendecir, etc. Esto lo debe hacer en las noches sin luna, cuando la luna ya está en menguante y antes de que se muestre en el cielo, con la luna en un signo de agua (Cáncer, Escorpión, o Piscis). Pídale al espíritu que bendiga el agua antes de sacarla.

Según vaya conociendo mas a su espíritu del agua, se encariñará con él y sentirá que el ratito que pasan juntos es el mejor momento de su día o semana. Después de un par de meses notará como se ha vuelto de calmada su vida, más relajada y llena de paz, y parecerá que no hay ninguna razón lógica para ello.

Porque Fracasan Las Relaciones

Las relaciones amorosas fracasan porque en ningún momento de nuestra formación la sociedad nos da un modelo de lo que de hecho es una relación de amor, o cómo obtener éxito en ella. Existen fundamentalmente tres niveles en las que operan las relaciones íntimas, y nuestra formación social solo nos prepara para hacer frente a uno de ellos – el más superficial – y con bastante ineptitud, por cierto. Este nivel superficial se denomina el nivel de las expectativas. Este es, por lo general, el único nivel que dirigimos conscientemente.

El nivel de las expectativas se compone de nuestra auto imagen y auto importancia. Cuando nos acicalamos frente a un espejo, lo que nos estamos arreglando son las expectativas de lo que queremos crear en otras personas. Es el nivel de nuestros sueños y fantasías, en el que todo el mundo está tan impresionado con nosotros como nosotros mismos.

En el nivel de las expectativas lo que más nos interesa acerca de una posible pareja es su atractivo físico, su forma de vestir y comportarse, los antecedentes sociales y educativos que tenga, sus perspectivas de futuro, lo "cool" que es él o ella, como él o ella se fija en nosotros, y lo que los demás pensarán de nosotros por haber elegido esta pareja.

En el nivel de las expectativas, una "relación amorosa" es en realidad, un acuerdo de aprobación, un contrato que estipula: "La persona contratante de la primera parte se compromete a pretender que honra, ama y obedece a la persona contratante de la segunda parte; a cambio de esta consideración, la persona de la segunda parte se compromete a no traicionar, lastimar o exponer a vergüenza pública a la persona contratante de la primera parte (ver en cuadro anexo los hechos específicos que se consideran como 'daño', 'traición' y 'vergüenza pública'). Cualquier violación a este acuerdo por cualquiera de las dos partes se considerará como un motivo válido para el rencor, la venganza, y todas las formas de comportarse como si fuese un bebé grandote."

En el nivel de las expectativas nos sometemos a otra persona no por amor, sino por aprobación. El amor y la aprobación no tienen nada que ver entre sí. El amor es una sensación liviana de alegría y felicidad, mientras que recibir la aprobación es una sensación de restricción, posesión y ahogamiento que, sin embargo, muy por dentro, nos produce un subidón de ego. Esa exaltación del ego no es felicidad – es gloria y auto importancia a la que se nos ha entrenado a considerar como amor.

El nivel de las expectativas termina eventualmente porque su premisa básica es obtener algo por nada. En este nivel, todo lo que estamos exteriorizando ("dando") es falso: sólo es para impresionar a otras personas o para recibir otra cosa de regreso. Estamos dando falsedad y deseando obtener algo real (felicidad); y no es así como funciona el universo. Aquí no existen los viajes o almuerzos gratis.

Lo que nos mantiene engañados es que casi todos los mensajes que recibimos – de parte de nuestros padres y compañeros, nuestros profesores y predicadores, nuestros líderes y los medios de comunicación – es que el nivel de expectativas sí funciona; y si no nos está funcionando es nuestra culpa y deberíamos sentir vergüenza de nuestro proceder.

¿Para quién está funcionando? Mire a su alrededor. ¿Cuántos matrimonios verdaderamente felices conoce (de más de 10 años de duración, porque ese es el período – algo más largo – para que el nivel de expectativas se diluya)? Claro, hay algunos... pero no son muchos; y, generalmente, las personas involucradas en este tipo de matrimonios son muy especiales por propio derecho.

¿Verdad que esto es así? Pero también existen muchísimas parejas que en la superficie parece que se llevan de maravilla, pero que por debajo se encuentran miserables: ambos han aprendido a reprimir sus verdaderos sentimientos y están resignados a su miseria sin dejarlo entrever. Estas personas jamás pasarán del nivel de expectativas.

La razón por la que el nivel de las expectativas termina destrozándose inevitablemente – aunque puede y a veces logra que después nazca el verdadero amor después del estrellón – se debe a que es totalmente narcisista: no incluye a la otra persona. No permite a la otra persona ser una persona, que tenga sentimientos y pareceres propios, sino sólo un reflejo de nuestra más preciada auto imagen.

Por ejemplo: ¿se le permite a nuestra pareja tener sexo con quienquiera él o ella? ¿Le permitimos a nuestra pareja sentir deseos sexuales por alguien que no sea nosotros? ¿Es permitido que nos diga que no le satisfacemos como pareja sexual? La lista continúa y continúa... Aquí solo mencioné las expectativas sexuales porque éstas son prácticamente universales, pero construimos todo tipo de barreras para que nuestra pareja se mantenga prístina e inmaculada y sólo para nosotros – esperamos que siempre estén de acuerdo en cuanto al dinero, la forma de educar a los hijos, la carrera o profesión, religión, etc. – esperamos que dejen a un lado sus propias aspiraciones y decisiones para apoyarnos totalmente.

El nivel de expectaciones inevitablemente se auto destruye bajo su propio peso y por cansancio absoluto. Cuando las personas se involucran unas con otras en el nivel de aprobación, o con cualquier agenda que no sea la del amor, entonces todos deben trabajar horas extras para convencerse o convencer a la pareja; y ésta es una situación inaguantable.

El nivel de expectativas sería suficientemente problemático y contradictorio por sí solo, si fuera el único nivel en que nos relacionamos con otras personas. Desafortunadamente, hay dos niveles más profundos que en realidad gobiernan el curso de nuestras relaciones, y estos niveles más profundos contradicen el nivel de las expectativas.

El nivel que está por debajo y que controla el nivel de expectativas, lo que asegura que el nivel de expectativas eventualmente fracase, o se sostenga con gran sufrimiento, es el nivel de condicionamiento. Este es el nivel de nuestro condicionamiento básico social, que es odiarnos a nosotros mismos. Debajo del brillo y la gloria de nuestras expectativas, nuestras auto imágenes, está la triste verdad de que, en realidad, estamos avergonzados de nosotros mismos. Se nos enseña a estar insatisfechos con nosotros mismos por nuestros padres y por la sociedad.

Considerando que el nivel de expectativas se ha establecido para que la gente sea "agradable" a los demás (establece el acuerdo: "No te voy a exponer como un mentiroso y un farsante si tú no me denuncias como mentiroso y falso"). El nivel de condicionamiento está configurado para dividir a la gente y para provocar el temor y la desconfianza entre ellos. No estamos capacitados para relacionarnos íntimamente entre nosotros, sino más bien para hacernos la guerra unos a otros, sentir dolor, celos, rivalidad y crítica; para someternos los unos a los otros y doblegarnos, en lugar de ser felices y aceptarnos. La relación padre/hijo es la configuración básica de este conflicto. La guerra entre hombre/mujer está injertada sobre ello.

Mientras que el nivel de las expectativas nos dice que lo que queremos es vivir felices para siempre, estamos condicionados por nuestra sociedad a odiarnos a nosotros mismos y a negarnos ese mismo amor que se nos dice que estamos buscando. Estamos condicionados por nuestros padres a odiarnos a nosotros mismos precisamente de la misma forma en que nuestros padres se odiaban a sí mismos.

El nivel de condicionamiento es el nivel que nos lleve a buscar al psicoterapeuta (por desgracia, después de que el daño ya está hecho). Cuando éramos pequeños estábamos tan abrumados por nuestros padres – tan impresionados por su divinidad – que tenemos miedo de expresar o permitirnos sentir abiertamente la ira o cualquier otro sentimiento que ellos desaprobarían porque contradicen sus expectativas. Por lo tanto, el nivel de expectativas de nuestros padres se convierte en nuestro nivel de condicionamiento.

La sociedad llama "amor" a nuestra infatuación por nuestra auto imagen y, así, en nuestro nivel de expectativas nos decimos que vamos a establecer relaciones para conseguir el "amor"; mientras que en el nivel de condicionamiento lo hacemos para negarnos a nosotros mismos las relaciones amorosas, para identificar a través del reflejo de otra persona dónde exactamente fallamos y somos incapaces de dar y recibir amor.

Uno bien podría preguntarse por qué la gente querrá volver a representar las situaciones que en su infancia les trajeron el mayor dolor y trauma. La razón es porque esas heridas nunca sanaron correctamente: todavía están abiertas, supurantes y extremadamente sensibles al tacto. Sólo abriendo de nuevo las heridas y limpiando la basura, el odio a sí mismos, puede darse una verdadera sanación. Y solo mediante la reproducción de una situación similar a la que inicialmente produjo esas heridas, pueden ser reabiertas. En realidad, ésta no es la única manera de hacerlo porque hay métodos mucho más agiles de lograrlos, como la imaginación active; sin embargo, ésta es la forma más popular de conseguirlo.

Al igual como en el nivel de expectativas donde nuestro objetivo es la validación de nuestra imagen, en el nivel de condicionamiento nuestro objetivo es volver a recrear toda la confusión emocional que nuestros padres nos ocasionaron, pero esta vez para adueñarnos del anillo del amor que nuestros padres nos negaron.

Hasta hace poco tiempo la sociedad ha usado el quinto mandamiento y una serie de sanciones sociales para controlar el nivel de condicionamiento. Freud fue uno de los primeros en observar correctamente este nivel tan difícil de la interacción humana, y en la actualidad hay un sinfín de buenos libros cuyo tema es sobre los padres tóxicos, sobre como nos casamos con nuestro padre o madre, y sobre como buscamos en el matrimonio el mismo dolor y falta de satisfacción hacia nosotros mismos que nuestros padres nos hicieron sentir en nuestra infancia. El problema es que no nos molestamos en leer estos libros hasta que nuestra relación ya está muy mal. Estos libros deberían ser de lectura obligatoria para todo estudiante de secundaria.

"¡No culpe a sus padres, solo espere a que usted tenga hijos!" ellos (nuestros padres) nos repiten. Bueno, pues están equivocados; debemos culpar a nuestros padres, porque solo culpándolos conscientemente estaremos en la posición de perdonarlos conscientemente. Solo cuando podamos ver que fue el propio auto odio que sus padres les impusieron cuando niños lo que los provocó a repetirlo en nosotros; solo cuando los podamos ver como personas con tanto dolor como el nuestro, quienes verdaderamente trataron de darnos lo mejor según su criterio; solo entonces podremos perdonarlos. Y será entonces cuando nos podremos perdonar a nosotros mismos y soltar todo ese odio, pues ya no será necesario repetirlo o culparnos porque amamos a nuestros padres, y todo lo que les importaba era estar en lo correcto.

El tercer, y más profundo nivel de relacionarnos es el nivel del karma – el nivel de las lecciones que estamos tratando de aprender de ciertas personas, basado en nuestra mutua experiencia en otras vidas y realidades. Todo lo que esté equivocado o descentrado se origina en el nivel karmático. Nuestro nivel instintivo, nuestras primeras impresiones de alguien, son un buen indicador del tipo de karma que nos une; pero nuestras mentes conscientes muchas veces entierran este sentimiento tan pronto como lo experimentamos.

Por ejemplo, podría suceder que aquella persona nos enardece sexualmente porque en una vida pasada la violamos y la torturamos; puede ser que por algunas encarnaciones, esa persona ha estado deseando tener una encarnación en que pueda enderezar la cuenta. Ese podría ser el karma que tenemos que resolver ahora (con esa persona); pero todo lo que nuestra mente sabe en un nivel de expectaciones es que esa persona nos enciende sexualmente y queremos que esa persona lo valide teniendo relaciones sexuales con nosotros. Así que metemos nuestra cabeza en la soga del ahorcado; y luego nos preguntamos por qué la relación no funciona como deseamos.

Los niveles del karma y condicionamiento trabajan en tándem para controlar nuestras circunstancias actuales y el curso de nuestras relaciones. Por ejemplo, si en el nivel de condicionamiento queremos re actuar el abandono de nuestro padre o madre, y escogemos a una pareja que en una vida previa nosotros abandonamos. Esto puede considerarse como una penitencia; aunque también lo podemos ver desde el punto de vista "lo que se hace se paga" – como diciendo: "yo te hice sufrir en una vida pasada, y ahora quiero saber cómo te sentiste – sentir lo que yo te hice sentir." En el nivel del karma y en el de condicionamiento, tratamos de reproducir eventos que producirán una resonancia con algún tema emocional aun no resuelto por la totalidad de nuestro ser.

Las agendas que nos hemos propuestos solucionar en esta vida a nivel del karma muchas veces nos son reveladas en esa primera impresión que tenemos, y que inmediatamente reprimimos. Es difícil de describir y es diferente para cada persona, pero frecuentemente al conocer a alguien con quien tenemos una agenda kármica pesada, sentimos un flashazo, un sentimiento o pensamiento consciente de algo que deseamos o tememos de esa persona. Y entonces inmediatamente "olvidamos" lo que acabamos de sentir, porque si tenemos un karma negativo con esa persona entonces ese flashazo provino de una parte de nosotros que no queremos reconocer – una parte que esa persona será encargada de representar abiertamente para nosotros, para metérnoslo por la fuerza por la garganta, hasta que seamos forzados a reconocerlo. Así que "olvidamos" esta primera impresión, y más adelante pretenderemos que no comprendemos por qué la persona que amamos y en la que confiamos totalmente pudo cambiar tantísimo.

Desde luego que ahora podemos ir a un terapeuta que nos induzca una regresión a vidas pasadas para chequear el tipo de karma que tenemos pendiente con esa persona antes de involucrarnos seriamente – algo así como pedirle a nuestro probable cónyuge que se haga un examen de SIDA o chequear su trayectoria crediticia. En la India, la astrología ha sido utilizada históricamente para conseguir este tipo de información. También podemos evitar dificultades futuras con tan solo fijarnos en lo que sentimos instintivamente sobre otras personas, en vez de hacernos los ciegos a la información más esencial de una relación.

Así que la intensidad básica o el tema emocional de una relación se establece en el nivel del karma; el guión particular, la secuencia de los eventos que se desplegarán mientras dure la relación se establece de acuerdo al nivel de condicionamiento, y la parafernalia, las apariencias superficiales o el show que actuemos para beneficio de los espectadores, se establece en el nivel de expectativas.

La brillantez del nivel de expectativas nos ciega a lo que sucede en los dos niveles más profundos; y ya sabemos que el nivel de expectativas es una mentira. Lo que en verdad está sucediendo en los niveles de condicionamiento y de karma es bastante visible, pero pretendemos no darnos cuenta y pretendemos que no lo comprendemos, y esto lo hacemos para mantener viable el nivel de expectativas por el más tiempo posible.

Por "mentira" se comprende algo que sentimos pero que reprimimos o escondemos. Por ejemplo, si nuestra pareja sexual está haciendo algo que no nos gusta y/o que nos enfría, y nosotros seguimos sufriéndolo porque sentimos vergüenza a decírselo porque tememos herir sus sentimientos, esa es una mentira. Cada vez que no comunicamos algo que sentimos porque nos avergonzaría hacerlo, o porque no queremos dañar o provocar a la otra persona y volvernos el blanco de su desaprobación, estamos mintiendo. Y si comenzamos por mentir, luego continuaremos por actuar furtivamente detrás de sus espaldas. Las mentiras engendran mas mentiras.

Podemos saber si se está mintiendo en una relación de la siguiente manera: Si hay un área en la que no le tenemos confianza, donde nosotros nos reprimimos, donde le tenemos miedo (a su desaprobación o rechazo), donde sentimos algo ajeno a BIEN acerca de esa persona, entonces esa es el área en la que estamos mintiendo. Estamos entrenados para mentirle a la gente, y luego nos sentimos traicionados si salen a luz nuestras mentiras.

Lo que una mentira es, es una contradicción. Las mentiras siempre deben existir en pares, mientras que la verdad – amor – es singular. Por ejemplo, en el nivel de expectativas tendremos el par: "quiero que seas totalmente honesto conmigo" y "no quiero saber cuan atraído te sientes por xxx." En el nivel de condicionamiento podemos poner este par: "¡Mami, yo verdaderamente te amo!" y "Nunca voy a dudar de tu amor hacia mí." En el nivel del karma las mentiras no existen como tales (es representar este papel lo que lo vuelve una mentira) pero podríamos decir que la mentira básica o dualidad de este nivel es "Tú y yo somos dos" y "Tú y yo somos uno."

Todas las mentiras que hay en una relación nacen al principio de ella. Al decir nacen significa consciente. Conscientes por unos instantes, y luego – igual de conscientemente – reprimidas, ignoradas, olvidadas. En el nivel del karma las mentiras básicas se establecen en los primeros segundos de la relación. Las mentiras del nivel de condicionamiento (el plan de juego de quien va a herir a quién, y cómo), usualmente se establecen cuando la relación se formaliza – cuando se toma la decisión mutua de ponerse serios y entregarse. Y el nivel de expectativas es una mentira total desde el primer momento.

Cualquiera que tenga los ojos abiertos se puede dar cuenta de lo que está sucediendo. Algunas veces nuestros padres, amigos, y otras personas tratan de advertírnoslo, pero estamos "tan enamorados" y "el amor es ciego" y estamos tan "felices" que no lo queremos ver. No queremos que nada ni nadie nos baje de esta linda nube en la que estamos subidos; esta bella mentira que nos estamos inventando.

Y por cada una y todas esas mentiras, debemos pagar un precio. Aquí está funcionando una ley kármica, y cada mentira, sin importar que tan chiquita sea, algún día saldrá a la superficie y tendrá que ser reconocida y admitida, o la relación estará condenada – condenada a ser algo diferente que una relación amorosa, porque en una relación de amor no existe un solo espacio para una mentira de cualquier clase, en cualquier momento y por cualquier razón.

Todas estas alarmas en nuestra sociedad acerca del crecimiento desaforado de los divorcios, estas llamadas para regresar a los "valores tradicionales", es un montón de palabrería. Los valores tradicionales siempre fueron una mentira total, y es inconcebible como la sociedad los soportó por tanto tiempo. Valores tradicionales significa que usted se casa en el nivel de expectativas, y jamás se pregunta si está bien hecho. Usted aprender a vivir con esa mentira, con infelicidad, y se muerde la lengua porque las sanciones de la sociedad (lo que piensan los vecinos acerca del divorcio) son muy estrictas. En vez de regresar a vivir nuestras mentiras, nuestra sociedad debiera de dejar de glorificar el nivel de expectativas. Tal como con la guerra, cuando la gente deje de glorificar la infatuación, la gente dejará de buscarla.

Las relaciones amorosas fracasan porque llegamos a ellas con un montón de formas mentales ficticias acerca de quienes somos y qué buscamos encontrar... y nos estrellamos de cara con unas agendas de condicionamiento y de karma muy pesadas de las que ni teníamos idea de que pudieran existir. Conscientemente no tenemos conocimiento de cuáles son nuestras expectativas hasta que esas expectativas no se cumplen. Y no comprendemos lo que nuestros padres nos hicieron hasta que nuestro cónyuge nos hace lo mismo – nos hace sentir ese viejo dolor en el estómago.

Mientras que sigamos relacionándonos con esta persona en cualquiera de estos tres niveles, no nos estamos relacionando con otra persona – sino con nuestra imagen personal; con nuestras heridas de la niñez; o con nuestras inseguridades o miedos más profundos. En el nivel de expectativas nuestro enfoque está dirigido al futuro; en el nivel de condicionamiento está enfocado en el pasado; y en el nivel karmático esta enfocado en el pasado remoto. Una relación de amor, sin embargo, involucra relacionarse con una persona de carne y hueso en el momento presente.

Magia de la Tierra

La característica destacada del entrenamiento mágico es el aprender a utilizar el mundo a nuestro alrededor por validación, en vez de las palabras de las personas; el llegar a apreciar más el murmullo del agua en un riachuelo, el susurro del viento en nuestros oídos, y la tibieza sanadora de un árbol, que la aprobación de nuestros semejantes. Toda la insatisfacción de nuestras vidas se origina por tratar de vivir de acuerdo a las expectativas de otras personas, y por haber olvidado algo que ya sabían los antiguos humanos: que antes que nada, somos hijos de la Tierra, y que ella nos ama desde el fondo de su corazón.

La Tierra no es insensible, como se nos trata de hacer creer. Está vibrantemente viva. Ella nos puede sanar, calmar, y otorgarnos una sensación de aceptación completa e incondicional. Ella nos puede nutrir y proteger aún más completamente de lo que pueden hacer nuestras madres humanas – por ser humanas – pueden lograr. No nos tenemos que sentir fuera de lugar en este mundo, como si fuésemos alienígenas en un ambiente hostil. La Tierra está deseosa de acunarnos con su amor, si tan solo nosotros hacemos el esfuerzo de aceptarla.

Esto lo hacemos fácilmente con solo: 1) reconocer que ella está viva, es sensitiva, y capaz de comunicarse con nosotros; y 2) reconocer diariamente que estamos en deuda con ella y agradeciéndole todas sus dádivas. Trate de realizar el siguiente ritual todos los días (el amanecer o el anochecer es el mejor momento, pero hágalo a otras horas si le es más conveniente): salga a algún lugar en la naturaleza y, si posible, desnúdese. Póstrece cara al suelo y extienda sus brazos sobre su cabeza, apuntando hacia la dirección del sol. Principie a exhalar fuertemente todos sus sentimientos de frustración, depresión y rabia, enterrándolos en la Tierra para que ella los absorba; inhale la energía sanadora y calmante de ella. Cada vez que inhale, llene su cuerpo con su tibieza y cada vez que exhale disipe su energía negativa. Cuando ya se sienta calmado, bese la Tierra y agradézcaselo, reconociendo que de la Tierra vino y a la Tierra retornará.

Aún cuando no sienta algo fuera de lo ordinario mientras realice el ejercicio, continúe haciéndolo y, en algún momento, se dará cuenta que la madre Tierra le está "hablando". Algunas personas naturalmente dotadas lo sienten desde la primera vez; sin embargo, casi todos los demás lo tienen que seguir haciendo por fe hasta lograr establecer una comunicación telepática/intuitiva con la Tierra. Cuando lleguen a ese punto, la misma Tierra les dará instrucciones y les dirá cómo hacerlo: usted sencillamente lo "sabrá". Por ejemplo, una cosa que probablemente le pedirá es que se le quede viendo: esto lo logra mediante un adormecimiento de los ojos mientras que los trata de volver un poco bizcos, siempre muy relajados; apacigüe su mente y vea – sin enfocar – cualquier punto en su campo de visión que le llame la atención. La Tierra le puede brindar todo tipo de información usando este método. Si está haciéndolo al amanecer, trate de enfocarse en los vapores que se levantan del suelo; pues ellos están llenos de mensajes.

Cada persona tiene diferentes experiencias al realizar este ritual, así que todo lo que les puedo decir es que estén preparados para recibir algunas sorpresas. Si usted hace este ejercicio de buena fe y sabiendo que obtendrá buenos resultados entonces, en unas semanas o meses, logrará el éxito. El único truco que existe al trabajar con magia es tener paciencia – continuar haciendo el mismo acto ritual es igual a repetir el mismo deseo.

Otro ritual que podría hacer junto al anterior o por separado es el ritual del enterramiento. Este se utiliza cuando se encuentra con demasiadas tribulaciones, enfermo, agobiado por las preocupaciones, o deprimido. La madre Tierra tiene una capacidad infinita no sólo para sanar, sino también para absorber y disipar la energía negativa, mas todo tipo de pesadez espiritual y emocional o enfermedad crónica.

Ayuda mucho ayunar el día previo al ritual. Cave una zanja de dos pies de ancho por un poco más largo que su cuerpo. Forre la zanja con aserrín u hojas para hacer un colchoncito y almohada que dejen confortable su cama, y asegúrese de que su cara tenga sombra. Desnúdese y envuélvase en una sábana donde solo su cara quede descubierta (la sábana sirve como protección contra cositas – como hormigas). Usted puede untarse repelente contra insectos en la cara, nuca y cabello para asegurarse que ningún bicho se le acerque. Ahora acuéstese en la zanja y póngase confortable. Tenga a alguien listo para cubrirle con una capa de tierra hasta la nuca, manteniendo su cabeza fuera. Pídale que regrese a chequearlo cada hora o dos por si necesita saciar la sed y asegurarse de que se encuentra bien. Si necesita orinar, hágalo allí mismo.

Si se encuentra muy enfermo o con una necesidad perentoria de desintoxicarse de negatividades, etc., la primera vez que lo practique debe mantenerse enterrado por 12 horas (desde el amanecer hasta el anochecer) y en las siguientes veces hacerlo por 6-8 horas. Las personas promedio solo necesitan hacerlo por 4 horas para mantenerse entonados. No hay razón para hacerlo por períodos más cortos. La cantidad de tiempo depende de que tan enfermo o negativo se encontraba al iniciarlos; llegará el día en que usted "sepa" cuando llegó el momento de hacerlo de nuevo.

Aunque le parezca extraño hacer este ritual, quizás encuentre que este enterramiento es una de las cosas que más placer le brinda en la vida. La madre Tierra es su anfitriona y ella hará lo posible para mantenerlo confortado, nutrido y entretenido.

Otra forma de mantenerse en contacto íntimo con la Tierra es caminar descalzo tan frecuentemente como le sea posible. Si vive en un lugar donde esto es imposible, tal vez sería conveniente trasladarse a un lugar donde si lo sea – así es de importante. Andar con zapatos corta casi toda la energía sanadora y el sentido de estar anclado que la madre Tierra nos manda a través de las plantas de los pies.

Estos rituales no son inmutables – los puede alterar a su gusto y conveniencia. Lo que sí es importante es la seriedad con que los haga, la fuerza de su deseo de comunicarse con la Tierra y su voluntad para perseguir este fin de forma deliberada – el hacerlo una de sus prioridades en su vida. Solo entonces su éxito está asegurado: usted encontrará un sentido real de pertenecer en el mundo que no dependerá en lo que la demás gente piense de usted.

Suerte

La suerte no es un estado subjetivo, sino una fuerza que existe allá afuera y que se mueve por todo el planeta. Tal como en el caso de la vitalidad y la fuerza física, algunas personas nacen con mucha buena suerte (escogieron tener suerte en esta encarnación), mientras que otros nacen con escasa buena suerte. Sin embargo, hay cosas que podemos hacer para incrementar nuestra suerte, pues ultimadamente la suerte – aun siendo una fuerza exterior – está controlada por nuestra actitud.

La suerte no tiene nada que ver con la moralidad, o con qué tan buena persona somos. Si un asqueroso, egoísta y manipulador h. de p. cree que es suertudo, él será suertudo. Es el creer que tenemos suerte lo que nos trae suerte, no que tan virtuosos somos. Si esperamos tener suerte, tiene más chance de suceder; mientras si esperamos fracasar, eso es lo que obtendremos. La gente que tiene la tendencia a tener suerte también tiende a esperar tener suerte, y lo mismo es cierto al reverso. Así es como el estado de tener o no tener suerte se perpetúa a sí mismo.

La suerte no es lo mismo que obtener lo que creemos que queremos. Cuantas veces nos ha sucedido que deseamos desesperadamente algo y que no obtuvimos y nos sentimos desesperadamente decepcionados; y más adelante descubrimos que fue grandioso que no la obtuvimos – tuvimos suerte de no obtenerlo – porque si lo hubiésemos obtenido estaríamos muy molestos, o no tendríamos lo que sí obtuvimos y que es mucho mejor; pero en el tiempo que transcurrió nos consideramos sin suerte.

Lo que sí es la suerte es ese sentimiento de que el mundo nos está sosteniendo, protegiendo y alimentando. Es ese sentimiento de que alguien/algo nos está cuidando y proveyendo. Que las fuerzas impersonales del universo están ayudando y guiando. Aun cuando la suerte no es lo mismo que obtener lo que creemos que queremos, nos ayuda a guiarnos hacia ella. Obtener lo que deseamos es un subproducto de nuestra actitud de saber que se nos cuida y protege; que valemos lo suficiente como para merecer ser felices.

La suerte no es equivalente a la felicidad. La suerte es como nuestros ingresos, y la felicidad es como nuestros activos. Claro que necesitamos un poco de suerte para acumular felicidad; pero la suerte por sí misma, no tiene ningún valor. Si damos por sentado nuestra suerte, si nos "gastamos" nuestra suerte tan pronto como nos llega (al buscar cosas que no nos llevarán en un futuro a la felicidad), entonces la suerte nos guiará al desastre. La suerte es la habilidad de que ciertas cosas nos sucedan. Si no la usamos para buscar amor, entonces no importa cuantas otras cosas obtengamos que queríamos, ella nos guiará a la infelicidad y según trascurra el tiempo seremos aun mas infelices. La suerte (obtener lo que queremos) sin la sabiduría (saber lo que verdaderamente queremos en el centro de nuestro corazón) nos lleva inevitablemente a nuestra destrucción.

La suerte, entonces, puede ser una fuerza tanto para lo positivo como para lo negativo. Si la vida tendiera a darnos prácticamente todo lo que deseamos sin mucha molestia de nuestra parte, entonces nos volveríamos haraganes, indulgentes y sin sentimientos. Como dijo Nero Wolfe, todos somos más vanidosos de nuestra suerte que de nuestros méritos. Cuando tenemos suerte tendemos a creer que Dios está de nuestra parte, que estamos por encima del resto de la humanidad corriente. Tendemos a mofarnos de la mala suerte de otra gente, nos regodeamos en nosotros mismos, nos volvemos presumidos y creídos – y también indiferentes hacia los sentimientos de otros. Así es como nos separamos del amor mientras nos damos palmaditas complacientes en la espalda.

En cierto sentido, la gente que goza de buena suerte si tiene una base para su desprecio hacia la gente desafortunada, puesto que la suerte es, después de todo, un estado disciplinado de la mente, una fe irrompible en sí mismos. Las personas sin suerte tiendes a ser débiles e invitan al desdén por su irresponsabilidad (gimoteando llenos de lástima de sí mismos en oposición a tomar las riendas del control sobre sus propias vidas). Sin embargo, casi toda la gente con suerte tiene poco concepto de "si no fuera por la gracia de Dios, ese podría ser yo". Tiende a olvidar que si tienen suerte es porque nacieron con ella – y no han hecho nada en esta vida para merecerla. Fácilmente llegan a creer que ellos se merecen su buena fortuna.

A la suerte se le puede definir como la ausencia de la duda; si la ausencia de la duda se combina con la ausencia del altruismo – la dedicación a una idea abstracta por encima de su propia gratificación – entonces la suerte les guiará hacia un enfoque angosto y egoísta. Y así es como la suerte se convierte en un camino que igual nos lleva al infierno que a la gloria.

La suerte funciona como pequeños flashes de luz que se suceden de vez en cuando. La gente con suerte (los que tienen una actitud suertuda) están sintonizados a sus flashazos de suerte cuando éstos ocurren. Ellos tienen la paciencia para esperar a que el momento esté maduro antes de actuar; y entonces, cuando un flashazo aparece, lo ven y lo agarran. Por el contrario, cuando un golpe de suerte se le aparece a alguien sin suerte, ellos lo rechazan automáticamente. Ellos no pueden ver ni comprender que ese fue su golpe de suerte, así que o ni siquiera lo notan o lo rechazan automáticamente.

Así que siempre hay la misma cantidad de suerte para toda la gente todo el tiempo. Las personas con suerte, por su actitud, están en posición para atraparla, mientras que las personas sin suerte, no. Ellos están aferrados a sus propias opiniones preconcebidas de lo que desean; son como niños que creen poder ordenar al Espíritu que les dé esto o aquello, en vez de recibir con agradecimiento lo que el Espíritu les quiere regalar. Ellos rechazan con furia los regalos del Espíritu porque no son idénticos a las imágenes que se han forjado erróneamente de lo que creen querer.

La suerte y la duda funcionan a la inversa. Cada una sirve para erradicar a la otra. La ausencia de la duda es lo que produce el fenómeno de "suerte de principiante". Los principiantes no tienen dudas sobre lo que están haciendo – como se ve fácil lo hacen y descrubren que sí es facil. No tienen suficiente conocimiento para ver todos los errores, complejidades y trampas en lo que hacen instintivamente (por intuición).

Así que para incrementar la suerte hay que vencer a la duda. La parte difícil está en que justo como sucede con el dinero: se necesita dinero para hacer dinero, se necesita suerte para creer que tenemos suerte. Por eso es tan difícil salir de una racha de mala suerte. La razón por la que la gente cae en una racha de mala suerte es porque nuestra sociedad nos anima a dudar, no a tener suerte. La sociedad nos quiere hacer creer que la mejor manera de tener suerte es jugar según sus reglas, no nos anima a seguir nuestros sueños, sentimientos o corazonadas. A aquellos que se les ocurre seguir su propia intuición se les recibe con gran resistencia y dudas, no solo de parte de sus compañeros sino de los bancos, el gobierno, las instituciones de negocios y su propia familia y amigos. Así que para tener una actitud verdaderamente de suerte hay que aprender a mantener la boca cerrada acerca de nuestras intenciones o nos volveremos el blanco de la envidia de la gente (que es lo mismo a sus dudas), la que nos aventarán a la cara para despertar nuestras propias dudas,

Lo que la gente desafortunada está realmente tratando de alcanzar – lo que ellos mismos tienen que percibir si quieren cambiar su suerte – es su autocompasión. Y la gente desafortunada la obtiene. Ellos tienen tanta suerte para obtener lo que quieren (excusas para su autocompasión) como la gente afortunada para obtener lo que ellos quieren. La autocompasión es un drenaje de la energía que necesitamos para atraernos la suerte. Todos tenemos solo una cantidad finita de energía y la podemos gastar tanto en autocompasión o en suerte, pero no en ambas a la vez. Es nuestra sociedad la que nos enseña a compadecernos de nosotros mismos – son los únicos que ganan con nuestra autocompasión colectiva y nuestra impotencia.

Cambiar nuestra actitud de autocompasión a suerte es difícil de lograr – no crean otra cosa. Eso de adoptar una actitud de abundancia cuando no tenemos ni un centavo y estamos siendo acosados por nuestros acreedores; o una actitud de radiante buena salud mientras estamos muriendo de

SIDA no es sencillo. La única motivación que tenemos es que ya no nos quedan opciones – o cambiamos o nos autocompadecemos. Es un verdadero triunfo de nuestra voluntad férrea el llegar a tener una actitud de estar nutridos y protegidos aun cuando nada nos está funcionando. La verdadera suerte es poder mantener nuestra ecuanimidad, nuestra claridad, nuestra creencia de que estamos en magnífica forma, aun cuando nos encontramos en el ojo del torbellino.

Así que ahora llegamos a la pregunta de como podemos cambiar nuestra suerte. La astrología (horas propicias para actuar o no actuar), los talismanes, encantamientos, etc. nos pueden ayudar a enfocar nuestra energía en nuestra intención de tener suerte. Ellos funcionan solo hasta donde nuestra fe en ellos nos dice que atraen la buena suerte. Son vehículos para nuestra intención, no lo importante, justo como puede ser un vehículo para llevarnos a nuestro destino una vez hayamos decidido a donde queremos ir. Así que lo importante es tomar la decisión, *la decisión irrevocable*, de cambiar nuestra suerte – no el vehículo que utilicemos para lograrlo.

Cambiar la suerte involucra, en esencia, dos cosas: visualización y apreciación.

Se ha escrito mucho acerca de visualización (por ejemplo, lean el libro de Shakti Gawain *Visualización Creativa*, o mi libro *Thought Forms*), así que solo mencionaré unos pocos puntos aquí. Visualizar es muy similar a soñar despierto, excepto que el segundo se logra pensando y el primero se logra sintiendo. El soñar despierto se hace en tercera persona y en tiempo futuro, mientras que visualizar se hace en primera persona y en tiempo presente. Al visualizar uno se imagina a sí mismo en el centro de la escena como si esta se desarrollara a su alrededor aquí y ahorita; y se permite a sí mismo sentir toda la felicidad que sentiría si la escena fuera real y sucediendo en ese momento. El secreto de la visualización es auto convencerse que lo que está deseando ya es real – imaginarse vívidamente en el centro del escenario de su deseo haciéndose realidad – y de permitirse sentir los sentimientos que sentiría si en realidad ese fuera el caso.

Tampoco debemos ser demasiado específicos al visualizar. Por ejemplo, "ganarme la lotería" es una cosa tonta de visualizar o desear. Es demasiado específico, deja demasiado confinado al Espíritu – como si estuviéramos dictándole lo que debe hacer. "Riqueza" o aún mejor "No tener problemas de dinero" es más fácil de visualizar porque le da al Espíritu rienda suelta para mandarnos ideas de como obtenerlo. Otra similitud sería pedir que Juan o María se enamoren de nosotros, es demasiado específico, y casi se mezcla con magia negra. Es mejor visualizar el amor viniendo de alguien inespecífico, pues si pedimos que sea solamente Juan o María vamos a rechazar el amor cuando este se nos presente en forma de Samuel o Judith, un amor que era perfectamente bueno pero no la imagen específica de lo que creíamos que queríamos.

La suerte es dejar que el Espíritu nos traiga lo que queremos pero a su manera y a su tiempo. No significa que nos vamos a quedar sentados vegetando; solo significa mantenernos abiertos a las diferentes posibilidades que se nos presenten, en vez de estar empecinados en una solución específica – la imagen de lo que pensamos que queremos.

La segunda cosa que necesitamos para cambiar nuestra suerte es apreciación, lo que significa apreciar lo que ya tenemos – considerarnos ya con suerte por tenerlo, en vez de ya desafortunados por tenerlo. Esto no se demasiado difícil de hacer: vivimos en un mundo maravilloso, en un país maravilloso, en una época de relativa calma y prosperidad; tenemos suficiente comida, estamos educados y tenemos millones de oportunidades al alcance de la mano. Si teniendo todo esto no nos consideramos sumamente afortunados, entonces deberíamos sentirnos avergonzados de nosotros mismos.

Una buena técnica para aprender a apreciar lo que tenemos es compararnos con personas que están mucho peor que nosotros (solo necesitan encender las noticias en el televisor) en vez de compararnos con personas que están en mejores condiciones. A lo que estamos apuntando en visualizar tanto como al apreciar es a una actitud gozosa,

Viviendo la Magia

optimista y expectante. Aunque necesitamos una buena actitud para tener una buena actitud, no necesariamente necesitamos tener una buena actitud para querer una buena actitud. Cuando nuestro deseo de tener una buena actitud, sin importar lo que nos esté sucediendo, sea mayor que nuestro deseo de que ciertas cosas específicas sucedan, entonces principiará a cambiar nuestra suerte.

Si continuamos insistiendo en ello, llegará un momento en el que nos daremos cuenta que lo que en realidad queremos no es riqueza, salud o amor de parte de otras personas, sino gozo y contentamiento en nuestro propio corazón. Llegaremos a comprender que la salud, el dinero o el amor han sido solo símbolos de lo que en realidad deseamos, que es estar felices con nosotros mismos sin ninguna razón en particular. La salud, dinero y amor que visualizamos con tanta fuerza por tanto tiempo no tienen nada que ver con esto a no ser como un dispositivo memórico, igual que las cuentas en un rosario. Nos daremos cuenta que podemos estar gozosos en nuestras visualizaciones y aprecio de lo que ya tenemos – ni siquiera necesitamos que nuestras visualizaciones se hagan realidad para ser felices. Es este el punto en que nuestra suerte principia a cambiar, y nuestras visualizaciones se tornan en realidad.

Posesión Espiritual

El tema de posesión espiritual no es bien comprendido por nuestra sociedad, y además tiene una connotación desagradable que no nos permite tratarlo abiertamente y no ser considerado un tópico serio de discusión. La realidad es que muchas personas están poseídas por espíritus y ni siquiera lo saben. En este ensayo, le daremos una rápida hojeada a todo el tema de posesión. El tema de posesión espiritual tiene implicaciones para la clara comprensión de ambas facultades cognitivas – la naturaleza de la consciencia – y la religión comparativa.

Desde el punto de vista de la religión comparativa, el común denominador de casi todas las religiones es la información canalizada y la guía espiritual. La forma de canalizar puede variar entre las religiones, y la trayectoria en que se canaliza a los espíritus varía de religión a religión, pero la técnica básica para comunicarnos y la interacción es muy similar a través de todo el mundo.

Por ejemplo: la misa católica es una invocación a Jesús y al Espíritu Santo; y la participación de la Pascua Judía incluye la invocación a Elías. Y es porque la forma de comunicarse con los espíritus es comandada por los mismos espíritus que las ceremonias religiosas de todo el mundo son similares en sus rituales: cuartos semi obscuros, candelas e inciensos, letanías repetitivas, etc. Estas técnicas, que se derivan del chamanismo, hacen que los participantes caigan en un estado de trance liviano para tornarlos más receptivos a los mensajes de los espíritus. El canalizar mientras se está en trance puede ser considerado como una manifestación temporal de posesión espiritual. El sacerdocio es un buen ejemplo de posesión espiritual benigna: los sacerdotes pueden realizar operaciones mágicas tales como sanaciones o echar fuera demonios, porque ellos pueden invocar a los espíritus de su religión (Jesús, Buda, Krishna, o quien sea) para que les asista en esta tarea.

Desde el punto de vista de nuestra consciencia, la posesión espiritual es un hecho que debe ser tomado en cuenta en nuestros cálculos. Solo por el hecho de que la sociedad en que vivimos pretende que la posesión espiritual no existe, no significa que la posesión espiritual no existe. Tal como en el ensayo Canalizando a los Espíritus Guías se manifiesta, todo lo que somos es un devenir de formas mentales (imágenes, opiniones, creencias y esperanzas aprendidas de nuestros padres y nuestra sociedad) que está siendo influenciada por las fuerzas espirituales.

La forma más común de posesión – y también la más peligrosa – no es la posesión espiritual sino la posesión por otras personas. Esto es porque en el universo entero, incluyendo todos los mundos demoníacos, no existen demonios que sean más malignos, tenaces y gratuitamente crueles como nuestros compañeros humanos.

La posesión por otras personas sucede cada vez que ellos imponen sus emociones sobre nosotros. Cada vez que nosotros nos permitimos sentir el estado de ánimo, estamos siendo temporalmente poseídos por esa persona. Cuando vemos una grandiosa obra de arte, o aun un programa de televisión que nos apasiona o absorbe, estamos permitiendo que nos posea el artista y/o los espíritus que lo inspiraron.

Casi todos los niños son poseídos por sus padres (a no ser que desde la cuna hayan sido super rebeldes y tormentosos); y casi todos los matrimonios son casos de posesión mutua. A este tipo de posesión le llamamos "estar bajo la sombra de" otra persona. Esto no es necesariamente una mala cosa: casi todos los aprendizajes o conocimientos se adquieren poniéndonos bajo la sombra de alguien. Lo que el maestro le está trasmitiendo al alumno es totalmente subconsciente y emocional: por ejemplo, la posesión permite una transferencia directa de conocimiento sin importar los símbolos intelectuales – creencias o técnicas – en que se encubra. Al ser poseído por otra persona le estamos permitiendo que nos dirija emocionalmente.

Estar bajo la sombra de otra persona solo se torna negativo cuando estamos así por coerción, miedo o culpabilidad. Casi todas las relaciones padre/hijo o de pareja tienen aunque sea un poquito de estos elementos. La única forma de zafarnos de la sombra de otra persona es disminuyendo nuestra propia importancia para que la otra persona no tenga nada que manipular. Generalmente es mucho más difícil, traumático, doloroso y largo el lograr salir de debajo de la sombra de otra persona que el exorcizar demonios.

La posesión por demonios también es bastante común. Casi todas las personas que habitualmente y obsesivamente están enojadas, amedrentadas, reprimidas, irritables, auto destructivas, siempre enfermas, etc., están poseídas por demonios. La psicoterapia convencional que rechaza la posesión por demonios es completamente absurda; es casi como tratar de formular una ciencia física mientras rechazamos cálculo – usted puede aún lograrlo, pero es como ponerse serios inconvenientes para retarse. Prácticamente todas las neurosis y desórdenes de la personalidad son síntomas de posesión por demonios, y mientras que pueden ser tratados sin referirse al problema subyacentes, no es una forma muy hábil de lograrlo.

Las personas mismas llaman a los demonios para que los posean cuando se sienten vulnerables y en drástica necesidad de protección y seguridad. Los demonios les dan fuerza – racionalizándose, pierden el pudor, se vuelven duros del corazón, sienten lástima solo de sí mismos – y esto les ayuda defenderse de los ataques de otras personas o circunstancias. Un recién nacido puede pedir ayuda, en el momento de nacer, a un demonio para defenderlo de sus padres; una persona que agoniza lo puede hacer para que amortigüe los dolores de sus emociones y así poder enfrentarse a ese miedo sobrenatural a la muerte. Los demonios pueden ser llamados en cualquier momento para cubrir la vulnerabilidad con dureza. Generalmente la decisión de llamarles se hace mientras se sueña (inconscientemente),

Aquí les pongo un ejemplo ficticio de la posesión por demonios tomado del libro *La Espía Harriet*, de Louise Fitzhugh, que muestra como la gente llama a los demonios para que los posean en momentos de gran vulnerabilidad y autocompasión. En el cuento, Harriet ha sido rechazada – merecidamente – por todas sus amistades:

"Se quedó sentada estúpidamente, con la mente en blanco, hasta que finalmente 'me siento diferente' llegó a su mente. 'Si', pensó ella después de una larga pausa. Y luego, después de que transcurriera mas tiempo, 'Malvada, me siento malvada.'

"Volteó a ver a su alrededor con una mirada mezquina para todos, pero nadie se percató. Sintió que su cara se contorsionaba. Nadie prestó atención a ese momento tan impresionante. Fue un momento que Harriet jamás olvidaría.

"Cuando sonó la campana para el almuerzo, fue como si ella ya no tenía que pensar más. Todo sucedió como si lo hubiese planeado, pero en realidad no fue lo había hecho. Por ejemplo, cuando sonó la campana Pinky Whitehead saltó de su asiento y corrió por el pasillo, Harriet estiró la pierna y Pinky se cayó de cara.

"Un espantoso aullido salió de su garganta y cuando elevó la cabeza se dio cuenta que su nariz sangraba. Harriet dejó su cara sin ninguna expresión. Por dentro se sentía totalmente satisfecha."

Pongan atención en que llamar al demonio inconscientemente, mientras se sufre un acceso de rabia incontenible y de auto compassion, es exactamente igual a llamarlo conscientemente; y trae las mismas consecuencias: pues después el demonio no se irá a no ser que sea deliberadamente exorcizado.

Es un hecho que nuestra sociedad está basada en el demonismo. Los cristianos fundamentalistas están totalmente correctos al decir hasta qué punto Satán y sus huestes rigen nuestra sociedad. Toda esa estrechez de corazón hacia los demás – ese gruñido gutural que marca casi toda nuestra interacción con otras personas – nos es sugerida por nuestros asesores demoníacos. El estereotipo de las caricaturas de llevar un angelito sobre un hombro y un diablito sobre el otro que se alternan para susurrarnos al oído, es 100% correcto. Los psicópatas son ejemplos extremos de posesión por demonios (casi ya no son humanos); pero así somos todos bajo la superficie, y por eso es que nos fascinan las noticias truculentas: eso somos nosotros. Todos nos permitimos ser influenciados por los halagos de los demonios todo el tiempo, aun cuando no estamos siendo poseídos por ellos permanentemente; y los psicópatas que vemos en la televisión solo están representándolo abiertamente por todos nosotros. Por ejemplo, cuando vamos manejando y otro chofer se nos mete enfrente y nosotros sonamos la bocina furiosos, ese es un intercambio entre los demonios de la otra persona y los nuestros. Nuestra furia es como un pequeño bocadillo para todos esos demonios que pululan a nuestro alrededor cual zancudos esperando un pequeño descuido para poder chuparnos la sangre.

Solo las personas que están completamente en paz con su interior no les dan cabida a los demonios que cohabitan a nuestro alrededor y que viven de las emociones rugientes generadas por nuestra frustración y desesperación que vivir en una sociedad injusta (tal como la nuestra) produce. En una sociedad justa la gente vive feliz y, por lo tanto, produce poco alimento para los demonios y, como resultado, estas sociedades no están regidas por demonios. Todo este "problema de la maldad" puede ser esquivado con tan solo no albergar malas intenciones en nuestro corazón, y con tratar a las demás personas como quisiéramos que ellos nos trataran.

Bueno, la posesión se puede definir como delegar nuestra responsabilidad de tomar decisiones. Hoy en día nuestra tendencia es dejar que la sociedad nos posesione – dejar que la sociedad decida todo por nosotros ya se volvió tan común que ni nos damos cuenta. Es un hecho que una cantidad impresionante de lo que llamamos "nuestros pensamientos" (algo así como el 99.999%) es lo que cree otra gente – padres, esposos, jefes, profesores, compañeros, la televisión – que nosotros hemos aceptado como si fueran nuestros. Prácticamente todo lo que nos gusta, disgusta, deseamos, tememos, simpatizamos con, o desdeñamos. La propaganda y la política son las dos grandes ciencias de la posesión social. La sociedad nos ha enseñado a reprimir nuestros sentimientos verdaderos y nos dicta qué es lo que "debemos" sentir. Casi el

Viviendo la Magia 63

único sentimiento que nos permite tener es el dolor. La posesión sociales son la opción predeterminada para la gente no posesionada por espíritus.

En realidad, no es la sociedad la que nos posesiona – pues la sociedad no tiene alma – sino nuestras propias formas mentales (nuestros hábitos y predilecciones) que han sido formados por la sociedad. Todo lo que hemos aprendido desde el momento en que nacimos son formas mentales, y estas formas mentales son entidades con propia volición. Es por eso que nuestros hábitos y pensamientos nos parecen incontrolables – las formas mentales tienen voluntades propias que pueden ser discordes con las nuestras. Las formas mentales no son malvadas – sin ellos estaríamos tan indefensos como bebés recién nacidos – y es posible utilizarlos de forma habilidosa. No tenemos por qué ser robots descerebrados que operamos por medio de programación de formas mentales sociales; en otras palabras, no es necesario que deleguemos incondicionalmente nuestro poder de tomar decisiones a nuestras formas mentales.

Tal como es el caso con todas las formas de posesión, la posesión de formas mentales sociales es, en esencia, un intercambio: intercambiamos el poder de nuestras formas mentales, especialmente el de tomar decisiones por nosotros y la sociedad nos da poder, específicamente el de ser aceptado por la sociedad. Básicamente, el poder que recibimos es el de actuar sin tener dudas. Por ejemplo, nuestra creencia que la sociedad funciona bien (nos da lo que queremos) es el resultado de ser poseídos por nuestras propias formas mentales.

Claro que la única razón por la que funciona es porque todos creemos que funciona. La sociedad – ser poseídos por nuestras formas mentales – depende de nuestra credulidad: estamos dispuestos a borrar cualquier duda y darle mente y corazón al sistema de pensamientos sin examinarlo muy de cerca. La razón por la que tenemos dificultad para hacer que la espiritualidad funcione – creer en el Espíritu en vez de la sociedad – es porque tenemos dudas desde el principio; pues estamos poseídos por los efectos residuales de lo que dice la sociedad. En primer lugar, la razón por la que entramos al sendero espiritual – sin importar si se llama magia, Cristianismo, Budismo, o como sea que se llame – es porque nos damos cuenta que la sociedad *no* nos funciona. Una vez nos pica esa duda, principia a socavarse nuestra necesidad de conformarnos a las formas mentales que nos impone. Se nos abren los ojos y comenzamos a vislumbrar que la sociedad tiene varios lindos trucos debajo de la manga, pero ninguno de ellos incluye a la felicidad. Es en este momento cuando tenemos que conjurar nuevas formas mentales – ideales y creencias – para que nos posean: si no fuera así nos volveríamos locos de remate, como le sucede a mucha gente cuando la sociedad les falla.

La sociedad sí tiene algunas posesiones con base espiritual. La obsesión por el dinero es en muchos casos el resultado y causada por posesión de Mamón: y a muchos borrachos los posee Baco. Esto no es un tipo de metáfora; este tipo de deidades sí existen en el mismo sentido que Bill Gates – por ejemplo – existe, y ellos poseen muchos fieles. Ni Mamón ni Baco son intrínsicamente espíritus malignos; lo que pasa es que se necesita tener un corazón muy valiente para resistir ser esclavizado por el poder de cualquier espíritu, aún uno benigno.

Contrastando la posesión demoníaca con la de la sociedad, que generalmente son manifestaciones negligentes e inconscientes (formas mentales), el sendero espiritual es el reconocimiento y uso consciente de la posesión, como una herramienta. La gente que está en el sendero espiritual pero no tiene un gurú, la posesión espiritual es casi el único método que posee para su avance en la transformación propia. El sendero espiritual es una tarea lo suficientemente compleja – un laberinto con tantos callejones sin salida y que necesita tanta fuerza de voluntad – que pocas gentes tendrían éxito sin la fuerza, ayuda y guía que se obtiene de un agente poseedor, ya sea un gurú humano o un espíritu.

Casi todas las religiones reconocen esto, y proveen rituales para llamar a un espíritu a poseerlo a uno. En la religión cristiana se le pide al aspirante a "aceptar a Jesús", o "invitar a Jesús en mi vida", o "invitar a Jesús a morar mí". Cuando el aspirante toma firmemente esa decisión por su propia voluntad, en ese momento él o ella son poseídos por Jesús (o mejor dicho por el Espíritu Santo, quien está dirigido por Jesús). Similarmente, a los aspirantes budistas se les exhorta a "tomar refugio en el Buda, Dharma y Sangha". Ese acto de "tomar refugio" es lo mismo que invitar al Buda a tomar posesión.

Dos cosas a recordar acerca de posesión espiritual son, 1) lo espíritus, ya sean buenos o malos, solo pueden poseer al anfitrión por invitación; aun cuando muchas personas que están poseídos por demonios les invitaron durante una ensoñación, la invitación no es necesariamente consciente; y 2) los demonios pueden ser exorcizados usando el mismo proceso de tomar la firme decisión de echarlos fuera, tal como los invitamos a poseernos.

Al igual que en todas las cosas, la posesión por espíritus tiene ventajas y desventajas. Para una persona siguiendo un sendero espiritual y que no tiene un gurú humano, la posesión por un espíritu benéfico, tal como Jesús, Buda o Krishna, etc. es sumamente necesaria. El sendero espiritual es demasiado riesgoso para lograr caminarlo sin un navegador que esté fuera y encima de nosotros, y que puede ver las cosas sin apego y con una visión a largo plazo. En el sendero espiritual, una de las cosas esenciales es soltar nuestra voluntad (tomar decisiones). Irónicamente, aun cuando la posesión espiritual nos facilita soltar nuestra voluntad, cuando abusamos de ella tiene el efecto de incrementarla.

El ser poseído por un espíritu es como conectarnos a una fuente de muchísimo poder, y muy pocas personas tienen la sobriedad y calma para aguantar esta esclavitud. Jesús, por ejemplo, es ciertamente un espíritu benévolo, pero también es cierto que muchas personas que son poseídas por él se intoxican con su poder – con la certitud de su propia salvación, con el triunfo inminente de su dogma, con su compulsión por forzar a otras personas a aceptarlo contra viento y marea. Esto no es culpa de Jesús: él trata de mantener a sus devotos en el sendero correcto. El no puede unilateralmente quitarle el poder a aquellos que abusan de él, la posesión es un pacto que solo puede ser terminado desde el lado humano. Ni Jesús, ni Mamón o Baco le piden a sus seguidores que destruyan a otras personas; sin embargo este ha sido un resultado bastante frecuente de la posesión por ellos. Solo los demonios llaman a que se destruya a otros.

Ser poseído por un espíritu benigno es como tener a la mano un tónico vigorizante para el corazón y nervios y usarlo cada vez que lo necesitamos, para atravesar esos períodos estériles cuando queremos tirar todo por la borda con exasperación y clamar "¿Cuánto más debo aguantar, mi Señor, cuánto más?" En esos momentos es beneficioso estar poseído por un espíritu, porque es un consuelo saber que hay alguien allá arriba que, aunque todo esté dando vueltas fuera de control, comprende lo que estamos atravesando y nos dice "deja que yo maneje."

Yo, personalmente, estoy poseído por un grupo de deidades que pertenecen al panteón de la gente indígena de donde vivo (América Central). Originalmente yo trabajaba con estas deidades en una forma más casual, concerniente a la agricultura, cuando mis guías espirituales sugirieron que los invitara a poseerme y yo accedí (los espíritus guías son exactamente eso – guías. Ellos no tienen el poder ni la inclinación para poseer humanos). Estas deidades me ayudan de formas variadas. Ellos me apoyan – me ayudan a completar tareas que normalmente no podría hacer solo. Por ejemplo, me enseñaron como mantener mi atención fija en un sentimiento de momento a momento, todo el día, todos los días. Al principio ellos me prestaban su poder, así que yo encontraba que este ejercicio era facilísimo de hacer; luego, paulatinamente me fueron retirando su poder, lo que lo hizo progresivamente mas y mas duro, pero aun posible, hasta que finalmente lo pude lograr sin su ayuda.

Otra cosa que han hecho es enseñarme escenas de mi pasado y futuro en el ojo de mi mente, pero son increíblemente vívidas y emocionalmente llamativas, algo parecido a lo que los espíritus de las Navidades previas, presentes y futuras, hicieron con Ebenezer Scrooge.

También la frecuencia e intensidad de los presagios y portentos en mi vida parece que se han incrementado exponencialmente desde que las deidades tomaron los controles. Y ellos me hablan y me cuentan acerca de todo tipo de temas, como agricultura, adivinación, sanación, etc. También me han introducido a personas muy interesantes, y éstas vienen a mí en los sueños y me enseñan cosas. Pero más allá de las cosas raras, también son buenos amigos. Les tengo confianza y me siento confortable en su presencia; y son omnipresentes.

La relación entre humanos y espíritus es simbiótica. La posesión de humanos les permite a los espíritus tener agentes corpóreos en el mundo físico a través de los cuales ellos pueden extender su campo de actividades. Los espíritus no pueden actuar directamente en el mundo físico (casi no pueden, porque hay ocasiones en que lo hacen – poltergeists – pero es bastante errático). Todo lo que los espíritus pueden hacer es esperar a que halla un momento en que todas las circunstancias actúen a su favor, y entonces darles un empujoncito hacia aquí o allá. No pueden actuar en el mundo de una manera continua, sostenida y metódica; para eso necesitan un agente humano, (o animal, vegetal o mineral).

El dilema para el aspirante es que el camino espiritual requiere calma, gentileza y humildad; y la posesión espiritual no ayuda a desarrollar estas cualidades. Por otro lado, el camino espiritual también requiere una determinación férrea y un sentido de dirección inamovible, los que solo se logran con alguna forma de posesión espiritual. Un gurú humano trata de impedir que sus discípulos sean indulgentes consigo mismos, tratando de matarles su auto importancia (que es por lo que don Juan, Sri Yukteswar, Gurdjieff, etc. eran tan duros y abusivos con sus discípulos); pero con la posesión espiritual no existen esas restricciones. También es cierto que en nuestra época hay muy pocos gurús verdaderos de donde escoger, así que el aspirante debe usar lo que tenga más accesible.

Estar poseído por un espíritu es como llevar una pistola cargada. Hay personas que se sienten envalentonadas al tener una pistola en sus manos, y esto los hace actuar de formas muy extrañas y de meterse en situaciones estúpidas y locas. La gente que es así es u verdadero peligro para sí mismos y para los que están cerca de ellos. Pero también existe la manipulación responsable de una pistola, y también existe la posesión espiritual responsable.

El miedo generalizado y la condenación a la posesión espiritual por nuestra sociedad es una tremenda hipocresía considerando el cuantioso porcentaje de personas que están poseídas. Así como hasta recientemente la sociedad nos hacía sentir avergonzados por nuestra sexualidad, al igual nos quiere hacer sentir avergonzados por un fenómeno totalmente ordinario y común como es la posesión espiritual. Ya es hora que salgamos del clóset y nos enfrentemos a lo que en realidad está pasando.

Dos Tipos de Sufrimiento

Hay dos tipos de sufrimiento: el sufrimiento de la autocompasión y el sufrimiento de la tristeza. El sufrimiento de la autocompasión es el tipo de sufrimiento que sentimos a propósito, para tener una buena excusa para revolcarnos en la autocompasión. Cada vez que nos sentimos santurronamente indignados ante el comportamiento de otra persona, estamos satisfaciendo nuestro sufrimiento autocompasivo. Nosotros buscamos el sufrimiento autocompasivo cada vez que otra persona no nos ofrece lo que esperamos o demandamos de ella. Cada vez que creemos que otras personas (padres, cónyuge, hijos) nos deben algo; cada vez que tratamos de sonsacar, sobornar o coaccionar a otras personas; cuando tratamos de hacerlos sentir culpables si no satisfacen nuestras demandas, cuando tratamos de imponer nuestros propios deseos más allá de donde ellos se sienten confortables; entonces lo que estamos buscando en ellos es su rechazo; pues así los podemos culpar convenientemente.

Cada vez que hacemos que nuestra felicidad dependa de algo que otra persona hace o no hace, estamos pidiéndole a esa persona que nos haga sufrir. Este tipo de sufrimiento se puede evitar siendo respetuosos del espacio de la otra persona: por ejemplo, sus límites, su derecho a tener sus propios sentimientos, incluyendo su derecho a rechazarnos, si así lo desean, sin que nosotros nos sintamos resentidos, lo neguemos, o lo tomemos como una afrenta personal.

El sufrimiento por autocompasión es una consecuencia natural del amor posesivo; el sufrimiento por tristeza es el portal al verdadero amor. El sufrimiento por tristeza es lo que otras personas nos hacen sentir cuando nos hemos acercado a ellos de una forma gozosa y en buena fe. El sufrimiento triste es un sentimiento desconcertante (como opuesto a un sufrimiento auto indulgente – en que siempre tenemos la razón). Mientras que el sufrimiento autocompasivo se puede evitar escuchando y respetando los sentimientos de la otra persona, el sufrimiento por tristeza no lo podemos evitar – es una parte de nuestra condición como humanos. El sufrimiento triste es el que otras personas nos echan encima a propósito – el producto de su odio hacia sí mismos que nos proyectan como si fuéramos su chivo expiatorio. El sufrimiento por tristeza es el dolor que sentimos cuando otras personas nos están utilizando como una excusa para su autocompasión. Este tipo de sufrimiento parece muy injusto ... y *es* injusto. Aunque esto pueda parecer un sufrimiento "inmerecido", en realidad es resultado del karma que pusimos en movimiento en otras vidas y realidades. Si ahora sentimos que no es justo sufrir por acciones que cometimos en otras vidas, qué mala suerte; así es la vida, y de nada sirve quejarnos. El quejarnos es lo que lo transforma en sufrimiento autocompasivo.

Cuando otras personas tratan deliberadamente de hacernos daño, nos duele. De nada sirve pretender que no duele, o enojarnos con ellos como represalia. Esas respuestas (la apatía y la rabia) tapan nuestro sentimiento de tristeza – nos mantiene alejados de sentir el sufrimiento directamente al sustituir formas mentales de autocompasión por ello. Estos son nuestros protectores (o encerrarnos o golpear de regreso) cuando otras personas deliberadamente nos tratan de dañar, y son como bloqueos efectivos en contra del sufrimiento por tristeza. Sin embargo, también bloquean el sentir verdadero amor.

Si nosotros vamos a abrirnos al amor de otras personas, también tenemos que abrirnos a su sufrimiento. La vulnerabilidad no es una puerta que puede ser abierta y cerrada selectivamente, para dejar pasar a unos sentimientos, pero a otros no. El protegernos para no sentir dolor también nos protege para no sentir amor.

Cuando la muchedumbre se burlaba y crucificaba a Jesús, el se sentía profundamente dolido. Se sentía igual a como nosotros nos sentiríamos si una multitud se burlara de nosotros y nos echara todo su auto aborrecimiento encima y nosotros no habíamos hecho nada para merecerlo. Jesús no era un ser tan exaltado como para ya no estar capacitado para sentir dolor. Al contrario, era un ser exaltado precisamente porque se permitía a sí mismo sentir el dolor directamente, en vez de bloquearlo con autocompasión (ya sea apatía o rabia).

No importa qué tan iluminados nos podamos volver, nunca llegaremos a un punto donde el sufrimiento ya no duele. No hay forma que el dolor haga otra cosa que hacernos sentir *mal*. Pero si alguien nos hace daño y nosotros nos permitimos sentir ese dolor directamente; entonces así será como sucederá. Así es como es. Nos sentiremos muy mal por un tiempo, luego el sentimiento pasa y podemos continuar con nuestra vida.

Pero si tememos sentir el sufrimiento directamente; si negamos el sufrimiento sustituyéndolo por apatía o rabia, tratando de dominar o controlar las relaciones, o haciéndonos las víctimas desde un principio, evitando la intimidad totalmente; entonces, en realidad, estamos agarrando nuestro sufrimiento, abrazándolo contra nuestro pecho, y haciéndolo la pieza central de todas nuestras relaciones. Y todo lo que podrá haber en el futuro será dolor, porque no hemos dejado un lugar por donde el amor pueda entrar – hemos cerrado hasta la última rendija.

La apatía y la rabia no son pastillas contra el dolor, solo son pastillas para tornarlo en un dolor demorado. Todo lo que logran es postponer el dolor. La única forma de acabar con el dolor, de olvidarlo y dejarlo atrás, es al permitirnos sentirlo directamente. Desde luego que esto es lo último que una persona que está sufriendo quiere oír: "¿No he sufrido ya suficiente?" nos preguntan. "¡Y ni siquiera es mi culpa!" Pero la verdad es que la cantidad de dolor que una persona siente (o reprimen en apatía o rabia) es justa la cantidad precisa que ellos aun deben sentir para deshacerse de ello y dejarlo atrás.

Esto sucede porque el sufrimiento no es algo externo (que se nos impone desde fuera), sino algo que se levanta de adentro de nosotros. La situación externa que nos causa el sufrimiento es solo un símbolo de algo que está sucediendo en nuestro interior en un nivel emocional. El considerar nuestro dolor como algo ajeno a nosotros es negar nuestra responsabilidad del dolor. El culpar a alguien mas por nuestro sufrimiento, el tratar de hacer que alguien mas sea responsable de ese dolor, es inútil. Solo sintiendo nuestro dolor directamente, escudriñando en nuestro interior por la causa y fuente de este dolor, estaremos responsabilizándonos y poniéndonos en posición para soltarlo y alejarlo de nuestro ser. Hacemos esto encontrando un camino para sanar nuestras heridas, en vez de esperar o demandar que alguien mas lo haga por nosotros. Otras personas no pueden sanarnos; ya ellos llevan su propia cuota de dolor como para tener amor extra para entregarnos. Tenemos que estar dispuestos a tomar la responsabilidad entera de sanarnos.

Recuerden con el ojo de la mente todas las escenas en su vida cuando fueron dañados por otras personas. Esto lo hacen como si fuera una ensoñación normal o una fantasía, pero en vez de tratar de capturar el sentimiento de gloria, vindicación o santurronería, etc. (como sucede con un autocompasión), traten de capturar el sentimiento de sufrimiento que sintieron en esa situación. Observen la escena de esa persona, que son ustedes mismos, que está siendo rechazado/a cuando lo que necesita es amor, y dele ese amor a la persona. Háblele al Yo en su visualización, dígale "Vamos, vamos, alégrate. Fuiste rechazado/a pero sigues siendo una persona que vale la pena. Seguirás vivo y respirando y con el tiempo encontrarás el verdadero amor. Después de todo, yo te amo. Yo te amo de verdad."

Dígale esto usando sus propias palabras y sentimientos, y con todo el sentimiento que les pueda poner. Dese a sí mismo toda la compasión que se le negó en ese momento. Déjese sentir tristeza por esa persona que fue usted. Y cuando se permita sentir tristeza por usted, encontrará que también siente tristeza por esas personas que le dañaron.

El sufrimiento de tristeza implica al perdón – la tristeza es tanto para aquellos que nos dañaron como para nosotros mismos. Tristeza – no rabia – es el sentimiento verdadero que compartimos con esas personas que nos dañaron. La rabia nos separa de ellos, mientras que la tristeza nos une a ellos – somos uno con ellos en la tristeza.

Esta visualización no es muy diferente a aquellas en las que nos permitimos vivir fantasías furiosas con aquellos que nos hicieron daño – poniéndolos en su lugar, gozándonos cuando ellos sienten remordimientos por lo que nos hicieron. Pero en vez de usar la visualización para complacernos y acrecentar nuestra autocompasión, la utilizamos para sanarnos a nosotros mismos y sentirnos bien con lo que nos hemos vuelto.

Para ser capaces de amar a otras personas y de libremente recibir su amor, debemos estar preparados para ser rechazados y dañados por ellos. Tenemos que estar dispuestos a enfrentar esta posibilidad directamente, en vez de prepararnos de antemano, parapetarnos, y contratar un seguro contra esta eventualidad. Tenemos que estar preparados para perdonar a las personas que nos hacen cosas malas y no volar en una rabieta cada vez que sucede – perdónalos porque no saben lo que hacen.

Claro que esto es más fácil decirlo que hacerlo, pero la clave está en estar dispuestos a sentir el dolor: no a ponernos furiosos o vindicativos, no a tontamente negar que estamos sufriendo, no amargamente revolcándonos en nuestra autocompasión sobre todos los sufrimientos del pasado, ni dictando reglas y poniendo restricciones en las relaciones para así defendernos contra un posible sufrimiento futuro; sino sencillamente sintiéndonos dolidos. Si verdaderamente nos podemos abrir a sentir el dolor, entonces automáticamente nos estamos abriendo a sentir el amor.

Actuando Junto Con El Espíritu

Hay dos formas de conseguir lo que queremos de la vida: violarla, o seducirla; eso quiere decir, actuar según nuestras formas mentales (nuestro acondicionamiento social sobre creencias y expectativas), o actuar con el Espíritu. La primera forma es la que utiliza la gente promedio, y la segunda la que utiliza el mago. Estos dos modos de actuar están entrelazados, el mago aficionado muchas veces encuentra confuso cuando un impulso para actuar viene realmente del Espíritu o es solo formas mentales (juegos del ego).

El rasgo principal que distingue actuar con el Espíritu a actuar con las formas mentales es la paciencia, y esta paciencia es el resultado de la humildad. Esta paciencia significa saber que no somos un caso especial, que el universo no se va a hacer un colocho por nosotros, que al Espíritu no le interesa si somos jefes de la corporación ABC, si fuimos salvados por Jesús, o si tenemos el grado 93 de la orden Mística del Pumpernickel Platino. Sin importar que tan grandiosos nos creamos, para el Espíritu solo somos uno más del montón.

Tomen nota que esto es exactamente lo opuesto a como se nos entrena para actuar en sociedad. Nuestro entrenamiento de formas mentales nos lleva a creer que somos muuuuy importantes. La sociedad nos entrena para que creamos que merecemos tener esto y esto y esto – que asfixiar todos nuestros verdaderos sentimientos para complacerles y tornarnos en robots sin cerebro para servir a los fines de la sociedad nos va a dar cierto derecho en ella. Pero esto es solo una ilusión. Para el Espíritu nuestra pequeña vida y nuestro pequeño dolor no significan nada en absoluto. Mientras que sintamos que el Espíritu nos debe algo, que nosotros merecemos un tratamiento o consideración especial por lo noble y espirituales que somos, o por tanto que hemos sufrido, entonces seguimos actuando en formas mentales y no con el Espíritu. Actuar con el Espíritu significa ponerse al final de la línea y esperar nuestro turno.

Miren, si no estamos satisfechos por la forma en que el Espíritu está manejando nuestras cuentas, entonces es seguro que no estamos actuando con el Espíritu. La primera premisa de actuar con el Espíritu es estar satisfechos con la forma en que está tratando con nosotros en este momento. Esto significa tomar responsabilidad por nuestro karma, por la situación en que nos encontramos; tratar de comprender cuales lecciones queremos aprender a través de nuestra experiencia, en vez de tratar de escapar de ella a través de algún sueño descabellado de un futuro color de rosa. Actuar con el Espíritu significa comprender que la vida es algo que hacemos, no algo que nos sucede.

Entonces nos preguntamos, ¿si no podemos sonsacar al Espíritu, cómo podemos seducirlo? Otra manera de formularlo es: ¿si no podemos usar el futuro como una vía de escape, cómo lo podemos manipular para nuestra ventaja.? La respuesta es: no existe tal futuro en el sentido que estamos acostumbrados a darle – como una serie de eventos lineales que principian ahora. En vez de eso, tenemos un número infinito de futuros (llamados *realidades probables*) que principian ahora, en este mismo momento. El futuro no es su sendero lineal, sino un salón de espejos infinitamente ramificándose.

¡BANG! ¡Estás muerto! Esa fue una realidad probable en este momento. Tuviste suerte de escaparte de ella; pero alguien mas no lo logró. Alguien mas que tampoco lo estaba esperando tuvo la mala suerte justo en ese momento.

Lo que estamos tratando de lograr con la magia es escoger esa de las múltiples realidades probables que se desprenden del momento actual que nos llevará hacia un futuro en el que logramos hacer realidad nuestros deseos. El problema está en que nuestro cerebro solo puede procesar formas mentales (no sentimientos); no es suficientemente inteligente para tomar la conexión correcta, no acierta a escoger la decisión precisa en el momento actual que nos llevará a esa realidad probable en la que nuestros deseos se hacen realidad. No podemos vislumbrar que el haber recogido ese pedazo de basura en la calle y depositarlo en el basurero adecuado era la decisión que nos llevaría (tal vez años mas tarde) a recibir esa promoción, o a ganar la lotería, o a encontrar el verdadero amor. Y para complicarlo más, el Espíritu es un embaucador que siempre está poniendo a prueba nuestro tesón. Siempre disfraza la decisión en el momento actual que nos llevará en el futuro a lo que más queremos como algo desagradable. El Espíritu pone las cosas de tal forma que tendemos a rechazar la verdadera realidad probable que nos daría lo que deseamos. Nos cuelga frente a los ojos lo que queremos, y luego lo avienta de un tirón en el último momento; o nos hace seguir tratando por más tiempo del que nosotros nos creíamos capaces. Un verdadero regalo del Espíritu siempre requiere que caminemos ese kilómetro extra: que sigamos ese rayito de esperanza en medio de la derrota, que confrontemos lo imposible con toda la fe posible.

Así que, para ganarnos al Espíritu, hay que enseñarle que estamos en serio. Para poder escoger conscientemente cual realidad probable estamos viviendo (en vez de dejarlo al azar), debemos ceñirnos a nuestras decisiones. Si tomamos una decisión firme e irrevocable (conscientemente o no); y nos adherimos a ella en lo malo o en lo bueno; entonces eventualmente terminaremos en esa realidad probable en que nuestra decisión se hace realidad.

Tomen nota de que la gente promedio no hace esto. Básicamente ellos solo están interesados en mantenerse confortables, y en lloriquear y quejarse cuando no. Ellos no tienen la voluntad necesaria para cumplir sus decisiones. Para lograr algo en la vida – aunque sea correr en una banda sin fin – requiere tomar una determinación inamovible.

Ayudará mucho al mago neófito el leer autobiografías de personas que lograron que el Espíritu les diera lo que querían. Libros como *El Espíritu de San Luis*, escrito por Charles Lindbergh; *Primer Acto*, por Moss Hart; *Sea Usted mi Huésped*, por Conrad Hilton; y *Mis Primeros Años*, de Winston Churchill (especialmente los capítulos Escapando de los Boers), son excelentes tratados sobre magia escritos por practicantes competentes del arte de actuar con el Espíritu.

Estas gentes fueron soñadores, pero no soñadores haraganes. Ellos no se quedaron sentados deseando y esperando y pensando y rezando para que el Espíritu les pasara un milagro. Cuando enfrentaron alguna derrota, no comenzaron a estrujarse y retorcerse las manos desamparados, ni tiraron la toalla. En vez de eso, ellos se levantaron desafiantes y agarraron al toro por los cuernos, tomaron la responsabilidad total de hacer que sus sueños se volvieran realidad, e hicieron los milagros ellos mismos. Ellos se volvieron uno con el Espíritu.

La magia no es un asunto de ponerse ropa estrafalaria y recitar cánticos raros – ondear una varita mágica mientras se recitan fórmulas que hacen que el Espíritu brinque y se ponga a sus órdenes. No, es un asunto de mucha paciencia y determinación. ¿Como cree poder doblar el universo a su voluntad si ni siquiera puede controlar sus propios pensamientos y emociones, sus propias dudas, miedos, e inercia?

Cuando usted acepta en su propio corazón que usted es el causante de su situación actual; que nada va a cambiar en su vida hasta que usted tome la decisión de cambiar; que debe tomar responsabilidad total de su propio destino; entonces estará actuando con el Espíritu. Cuando sienta esa paz interior que solo llega con el conocimiento de que ha hecho todo lo humanamente posible y permite que los dados caigan donde quieran; entonces está actuando con el Espíritu.

Arte Culinario Espiritual

"Luego le pregunté (al Doctor Steiner), *'¿Cómo puede pasar que el impulso espiritual, y especialmente el conocimiento interior para el cual usted está constantemente proveyendo estímulos y guía, den tan escasos frutos? ¿Por qué las personas metidas en esto den tan poca evidencia de la experiencia espiritual, a pesar de todos sus esfuerzos? ¿Y por qué, lo peor de todo, es la voluntad de acción para llevar todas estas cosas a buen término, tan débil?'*

"Y entonces recibí una contestación sorprendente que provocaba al pensamiento: 'Este es un problema de nutrición. La nutrición de hoy en día no aporta la fortaleza necesaria para manifestar al Espíritu en la vida física. Ya no es posible construir un puente entre pensamiento hacia la voluntad y la acción.'" – Ehrenfried Pfeiffer, tomado de la introducción de *Agricultura – 8 lecciones por Rudolf Steiner*

Todos sabemos que "somos lo que comemos"; y muchos ya estamos notando que esta máxima tiene una dimensión espiritual además de una física. Sabemos que nos sentimos mejor cuando comemos bien – cuando nuestros cuerpos, y no nuestras mentes, son los que nos dictan qué debemos comer y qué no. Muchos hemos experimentado un cambio radical en actitud y forma de ver la vida con solo haber cambiado nuestras dietas. Hay tomos completos, tales como las leyes kosher judías y macrobióticas, que han evolucionado para enfatizar la espiritualidad de la comida, para enfatizar su sacrilidad.

La "calidad espiritual de la comida" no es una metáfora. La comida contiene unas fibras de luz de energía que son tan importantes para nuestro sustento como lo son la vitaminas y proteínas, pero que no son susceptibles al análisis químico. Y al igual que el contenido vitamínico y proteico puede ser disminuido por sobre cocimiento o sobre procesamiento, el contenido de fibras de luz puede ser disminuido por falta de respeto.

Viviendo la Magia

Las fibras de luz son lo equivalente a buenos sentimientos. Cuando nos sentimos bien, literalmente resplandecemos. Cuando una planta para comida o un animal se sienten bien, ellos resplandecen. Aun cuando son sacrificados para alimento, ese resplandor continuará si el sacrificio fue llevado a cabo con respeto; eso quiere decir, con un sentido de conectividad y gratitud, y no mecánicamente.

Un finquero les pone ese resplandor a sus animales y plantas tratándolos con respeto – respetando sus sentimientos. Prácticamente todos los finqueros trabajan porque aman lo que hacen (seguro que ellos no lo hacen motivados por el dinero). Ellos se sienten felices mientras manejan sus tractores ida y vuelta por las filas de vegetales plantados; y esos buenos sentimientos son transmitidos a la tierra y a las plantas. Similarmente, casi todos los lecheros no solo tratan a sus vacas como seres individuales, sino que también desarrollan relaciones personales con ellas. Por lo tanto, desde el punto de vista de las fibras de luz, nuestros vegetales y productos lácteos todavía están bastante seguros como alimento. Esto no sucede con los avicultores, que tratan a sus aves como si estuvieran en Auschwitz, y eso es lo que hace que los huevos sean malísimos para nutrirnos (no su colesterol).

No todas las culturas han estado tan separadas de sus verdaderos sentimientos sobre la comida como la nuestra lo está actualmente. Muchas tribus Nativo Americanas tenían una consciencia profunda de que ellos eran lo que comían – por ejemplo, el búfalo. Ellos vivían con los búfalos, seguían a los búfalos, oraban al búfalo. Ellos eran uno con el búfalo, y por lo tanto para ellos el comerlo era un sacramento. Los Nativo Americanos actuales mantienen esa misma actitud de reverencia hacia el maíz.

Pero en la América actual nosotros minamos la comida, le extraemos todos sus nutrientes, la desnudamos, la violamos, y la tiramos. El poco nutriente espiritual que le quede a la comida con los métodos modernos de agricultura y procesamiento queda completamente destrozado por la forma en que la comemos. Nosotros usamos la comida de la forma más irrespetuosa – rellenándonos con ella glotonamente aun cuando no tenemos hambre, sin importarnos si sabe bien o no, si en realidad la queremos o no; y luego la tiramos y la pisoteamos. Al igual que con el sexo, hemos vuelto el comer no un acto de felicidad y espiritualidad, sino una fuente de gran vergüenza.

Un recién nacido no comprende la comida ni a su madre como algo separado de sí mismo; él no se siente más importante que su comida y, por eso, no se siente desconectado de ella. Cuando un recién nacido come, el se mezcla con su comida: la toca, reconoce como se siente. Es linda y satisface su hambre, ella le hace feliz. Pero cuando un recién nacido ve como comen los adultos, él siente vergüenza. Eso es porque nosotros, los adultos, no nos identificamos con nuestra comida – es como si nuestra comida no es parte de nosotros, como si lo que estamos metiendo en nuestras bocas es exterior a nosotros. Atacamos nuestra comida como si fuera algo separado de nosotros y es el acto de comer el que nos permite usarla. Le arrancamos mordiscos gigantescos como si fuéramos hienas famélicas, la masticamos y tragamos en grandes porciones sin ninguna contemplación. Nos unimos en los grandes festivales, como el Día de Gracias a Dios y la Navidad en los que participamos en orgías de glotonería y derroche y validamos conjuntamente nuestra desvergüenza, y durante su duración lo llamamos glorificar. Y esa mentira nos hace sentir aun más vergüenza, así que mentimos acerca de eso también y le llamamos glorificar. Y así continúa eternamente. Y ninguno notará lo que en realidad está sintiendo porque, si comportarnos como marranos nos ha traído a la gloria, ¿para qué ver lo marranos que somos?

La razón por la cual los santos pueden sobrevivir comiendo tan poquito es porque no la atacan, ahorcándole la vida, así que con poquito están sostenidos y satisfechos. Los Nativo Americanos pueden sobrevivir con una dieta de prácticamente nada más que maíz porque aman al maíz, y el maíz los ama a ellos, y ellos pueden vivir de ese amor aun cuando desde un punto de vista nutricional deberían estar muriendo de hambre.

Viviendo la Magia

Mientras que es cierto que la energía de las fibras de luz de la comida pueden mutilarse con la falta de respeto en cualquier momento de su vida – en la manipulación, el procesamiento, cocinado, o forma de comerlo – también es cierto que la energía de las fibras de luz, siendo más flexible que las vitaminas o proteínas, puede ser restituida al alimento al respetarlo y tratarlo como algo sagrado – con ritualizar las actividades conectadas con ello.

Para principiar, es importante que usted cultive por lo menos un poco de su propio alimento, aún cuando eso pueda significar sembrar un par de macetas con hierbas culinarias o unos frascos de retoños de algo en un estante de la ventana de la cocina. Trate de agregar siquiera una pizca de esas hierbas o retoños a cada comida que cocine (no necesariamente a cada plato; sino a cada tiempo de comida). Visualícese a sí mismo tirando fibras de luz en la comida cuando agrega su contribución de hierbas o retoños.

Para continuar, bendiga sus ingredientes básicos – sal, harina, azúcar, miel, etc. Le puede pedir a alguno de sus espíritus ayudantes que actualmente esté usando para que hagan esto por usted: Jesús o María, Krishna, espíritus de la naturaleza, etc. pueden hacer este acto por usted. Solo preséntales una libra de azúcar, sal, harina, etc. y contácteles de la forma usual y pídales que por favor bendigan sus ingredientes. Si no tiene un espíritu ayudante, solo lleve sus ingredientes a la punta más alta de cualquier montaña o colina cercana que esté en su zona inmediata; llévele al espíritu de la montaña una porción de algo especial que usted ha cocinado personalmente como una ofrenda; y pídale que por favor bendiga sus ingredientes. No se preocupe de si lo está haciendo bien o no: si lo está haciendo de buena fe, lo está haciendo correctamente.

Mantenga los ingredientes bendecidos y sagrados separados de los ingredientes normales, pero cada vez que deba rellenar su azucarero, salero, o lo que sea que haya bendecido, agregue una pizca del ingrediente sagrado e imagine que está poniendo fibras de luz con la pizca.

Ponga atención: usted nunca debe estar enojado cuando está cocinando, y tampoco coma algo que hizo una persona cuando estaba de mal humor (o en un estado indiferente). Una hamburguesa de McDonald donde los empleados son un grupo de jovencitos alegres y sin problemas, tiene más energía de fibras de luz que un plato de arroz integral orgánico hecho en un restaurante vegetariano donde el cocinero está aburrido o enojado con su superior inmediato.

Usted se puede dar cuenta fácilmente cuando su comida tiene malas vibras. No es que su sabor sea malo o diferente, mas bien se siente mal o fuera de lugar en su boca – es como si no tuviera incentivos para masticarlo y tragarlo. Cuando sienta algo así al estar comiéndolo, escúpalo. No se lo trague, ni siquiera por ser cortés. Mucha de la comida procesada o de conveniencia "sabe" así – blanda, insípida, decadente, débil – pero la gente se acostumbra tanto a este tipo de comida que ya no pueden notar la diferencia. Ellos asumen que sentirse pésimos todo el día es como uno se debe sentir, y dejan de asociar a la comida con su decaimiento.

Finalmente, hable con su comida. Dele las gracias como si estuviera viva y pueda comprenderla. No conversaciones largas, sino solo para dejarle saber que usted se da cuenta de que está en la presencia de un ser que es digno de su respeto, que murió por usted, y del cual usted desea obtener un favor. Usted no le pediría un favor a una persona de forma enojada e irrespetuosa; al contrario, lo pediría con humildad y con respeto, y sentiría agradecimiento se le otorga. Y así es como debe dirigirse a su comida: coja porciones pequeñas, mastíquelas despacio y atentamente, coma en silencio poniendo su atención al hecho de estar comiendo, y nunca hasta que esté repleto.

Recomendaciones para Comer

Con la posible excepción del sexo, comer es el acto más poderoso que hacemos en nuestra vida diaria. Sin embargo, en nuestra sociedad (asumiendo que no es judío kosher o un macrobiótico) casi todos tendemos a trivializar este acto – hasta a sentirnos avergonzados de ello (justo como

Viviendo la Magia

nuestra sociedad nos ha enseñado a sentirnos avergonzados de tener relaciones sexuales). Cada mordida que usted dé o tapa su cuerpo o le da liviandad. No debe comer un pedazo por su dulzura o buen sabor. Cada mordida que dé debe estar pesada y cada palabra que diga debe estar medida. Los alimentos (exceptuando a las ensaladas) no deben ser mezclados juntos. Los alimentos deben ser tratados con respeto, como si tuvieran una integridad propia. No es sabio utilizar un montón de condimentos, tales como kétchup, salsa de soya, vino, o salsa inglesa, aunque pueden usarse en cantidades pequeñas. Poner mantequilla sobre las cosas está bien. La comida no debe ser sobre cocinada (como se fabrica el kétchup) sino es mejor evaporarla. Las hierbas son aceptables, pero no muchas de ellas todas revueltas. Solo una o dos hierbas por plato. El ajonjolí puede ser rociado encima, pero no tanto que su sabor sea notorio. Solo un toque – ese es el secreto – solo un toque. El ajo tiene buenas propiedades sanadoras, pero solo un toque. No un montón de sal. El pan es aceptable (excepto para las personas que tienen mucha flema), pero debe mantenerse sencillo: agua, levadura, sal, harina – punto. No muchos aditivos. Jugo de limón recién exprimido es excelente. El azúcar es como la sal – solo en pequeñas cantidades. Lo mismo con la salsa de soya, la pimienta y el chile. Todas estas cosas están bien, pero en pequeñas cantidades, para agregar un acento o para levantar el sabor de la comida, no para inundarla.

  La mayonesa debe hacerse fresca cada vez que se utilice, con jugo de limón, no con vinagre. De hecho, el jugo de limón debe ser utilizado en preferencia al vinagre todas las veces, exceptuando cuando están tan escasos que no se pueden conseguir. La miel es mejor que la azúcar cada vez que es posible sustituirla; pero el precio, conveniencia, o sabor, puede determinar si es mejor usar azúcar. Es mejor usar poca sal, trate a sustituirla por hierbas. Las hierbas deben ser solo un acento no un sabor preponderante. Utilícelas en preferencia a la salsa de soya, consomé, etc. Prefiera mantequilla derretida sobre la comida y no salsa blanca pesada. La comida debe ser liviana: cosas pesadas como la pastas, cacerolas, donas, pan tibio, pudines con maicena, mantequilla de maní, y hasta patatas, hacen que las personas se sientan lentas y atontadas. Aún el pan debe ser algo que se ingiere una o dos veces por semana, no el punto focal de cada comida. El pollo o el pescado debe usarse en preferencia a las carnes rojas, y aun esas de vez en cuando.

Las personas que tienen presión alta o diabetes y a las que se les prohibe comer sal o azúcar y que desesperan por este hecho, pueden utilizar este pequeño truco que está basado en el mismo principio que la medicina homeopática: tomo una parte de sal o azúcar y mézclela perfectamente con 10 partes de harina. Tome una parte de esta harina y mézclela con 10 partes de harina... y continúe repitiendo este proceso 5 o 6 veces, hasta que tenga una mezcla que es menor a una parte por in millón de harina. Utilícela como si fuera sal de verdad: póngala en un salero y use la misma cantidad que usaría de sal normal. Para su sorpresa, va a darse cuenta que su comida se sentirá tan salada como acostumbra, pero no eleva su presión arterial. Los diabéticos pueden hacer lo mismo pero disolviendo el azúcar en agua y usar la solución super diluida para endulzar bebidas, etc.

El "truco" para que esto funcione es hacer todo el procedimiento poniendo la atención en ello, imaginando el sabor de la sal o el azúcar cuando se está revolviendo. Usted puede poner un poquito de sal o azúcar en su boca cuando lo está haciendo, para que mentalmente capture el sabor correcto del ingrediente. No debe haber ningún tipo de apresuramiento al mezclarlo – de hecho, es preferible hacer solo una disolución a la vez (por día), porque, aunque no necesita una concentración total, tampoco puede permitir que sus pensamientos anden revoloteando por todo el lugar. Le tiene que estar poniendo la misma atención al sabor del ingrediente en su boca como al sentido del tacto cuando hace el amor. Por cuanto tiempo debe mezclar o cuantas disoluciones puede hacer depende solo de usted. Use su propia intuición. Cuando se sienta cansado o sienta que ya ha sido suficiente, deténgase. El producto final no tendrá el mismo sabor de la sal si se lo come directamente, pero debe hacer que a la comida en la que

la rocíe sí se sienta tan salada o dulce como a usted le guste. Igual debe funcionar para las demás personas que lo prueben. Si no es así es porque no se tomó el tiempo suficiente para mezclarlo. Tire ese lote y hágalo de nuevo, pero esta vez tome su tiempo.
Lo mejor es comer muchas ensaladas. Muchas cosas se pueden mezclar en una ensalada porque los vegetales crudos (aun después de haber sido cortados y picados) siguen vivos y llenos de vida y están felices de estar en compañía de otros vegetales. Las cosas que están siendo cocinadas son diferentes y quieren que las dejen en paz y tirarles encima una gran cantidad de hierbas y otros ingredientes es faltarles el respeto.
A las ensaladas no es necesario ponerles aderezo pero, si usted prefiere hacerlo, es mejor usar aceite de oliva y jugo de limón, que estarán en diferentes recipientes, y utilizarlos cuando ya se sirvió su porción. Los retoños de todo tipo son excelentes fuentes de nutrientes pues la energía de sus fibras de luz tiene toda la vibración, impetuosidad, y felicidad de la juventud (comparada con la energía más sosegada de un brócoli, por ejemplo).
Coma despacio y mastique bien. No tome líquidos durante sus comidas (desde media horas antes hasta dos horas después). Es mejor comer pequeñas cantidades de comida a través del día que 3 comidas grandes y pesadas (aunque el tiempo limitado y los horarios pueden hacerlo imposible).
Debería hacer un día de ayuno cada semana, preferiblemente el mismo día. Ese día descanse y trate de estar solo entre la naturaleza. Cada vez que se sienta enojado, necesita hacer ayuno. Cuando se siente fuera de control debe dejar de comer. Ayunos de 3 o 7 días son beneficiosos cuando se hacen algunas veces al año. El día de Dar Gracias a Dios debería ser celebrado sin comer en vez de con glotonería: eso sí haría que la gente fuera verdaderamente agradecida.

Preguntas y Respuestas Sobre Jardineria

Aquella época en que la humanidad decidió evolucionar del conocimiento silencioso y comenzar a razonar también fue cuando que cambió de ser cazador y recolector y principió a sembrar. La agricultura no comenzó porque todas las grandes presas se habían muerto, o alguna otra razón similar, sino porque la humanidad estaba experimentando con pensar, reorganizarse socialmente, etc. Los dioses de los humanos y los de los granos hicieron un trato en ese entonces para ayudarse mutuamente. Se llegó a un trato similar con, por ejemplo, el dios de los bovinos. Las vacas, como pago a la pérdida de cierta libertad (se les redujo el status de territoriales, se les quitaba a sus hijos, etc.) recibieron protección de los depredadores y la seguridad de ser protegidas y defendidas por unas criaturitas que parecían monos.

Similarmente, encontrar el regreso al conocimiento silencioso es a través de la caza. Sin embargo, es posible aplicar mucho conocimiento silencioso a la práctica de la agricultura – y por eso es que presento aquí estas lecciones. Lo que van a leer a continuación son ejemplos de las notas que canalicé sobre este tema.

P: ¿Cómo debo controlar a los insectos y enfermedades en mi jardín?

R: Ponga tres piezas de copal (o de cualquier incienso acrimonioso, como el pachulí) en su incensario y colúmpielo hacia todas las plantas infestadas observando que el humo flote hacia ellas; al mismo tiempo, pídale al agente que las está afligiendo que por favor las deje tranquilas porque usted las necesita. Usted debe sentir como el humo está llevando su mensaje a ellas.

Es una buena idea dejar una o dos plantas – tal vez al final de cada fila para que le sea fácil recordar cuales son – para los insectos o aflicciones. A esas plantas no les aviente incienso. Dígale a los insectos o enfermedad que esas plantas son para ellos, Sea agradable pero claro, sea sincero. Que sea cierto lo que dice. Dígalo en voz alta.

El incienso, cualquier incienso que sea suave y alegre (como el sándalo) se usa para prevenir las enfermedades y las infestaciones de insectos (mientras que el copal se usa para curar a las plantas ya infectadas). Suavemente sople el humo hacia cada planta, y al mismo tiempo mándele su deseo para que crezca sana y tenga muchos frutos. Es mejor estar desnudo cuando haga esta limpia (o cualquier jardinería) simplemente porque es la forma más feliz de hacerlo. Esto significa hacer la jardinería de noche para que los vecinos no lo vean.

P: ¿Funcionará este método para todos?

R: Funcionará para todo aquel que crea en ello y que de verdad sienta lo que le está diciendo a los animales o las plantas. La verdad es que el incienso ni siquiera es necesario. El incienso es para usted, para que ponga atención a lo que está haciendo y hacerle sentir que está haciendo algo "mágico". Son los pensamientos y los deseos que usted expresa lo que tiene valor.

P: ¿Qué hago con las taltuzas?

E: Excave hasta uno de los túneles de las taltuzas y póngales una trampa que atrape a una sola taltuza. Debe ser una trampa que lo atrape vivo y sin causarle daño. Lleve a la taltuza a una jaula ubicada en un lugar obscuro y protegido y dele agua y comida todos los días. Háblele suavemente mientras le lleva sus alimentos. Dígale que no va a hacerle daño – que, de hecho, le va a liberar – pero que debe llevarles un mensaje a sus hermanos.

Continúe de esta manera (platicándole suavemente a las taltuzas mientras las alimenta) hasta que le tengan confianza; esto no significa creerlo su amigo o hacerle cariño, sino que sepa que no tiene nada por qué temerle. Cuanto tiempo dilate esto dependerá de usted y su taltuza. Cuando sienta que está calmada y que no se siente amenazada por su presencia, dígale que él y todos sus parientes taltuza deben abandonar su jardín y su huerto. Señálele otro pedazo de terreno donde no le importe que ellos vivan y dígale que todos deben irse para ese pedazo de terreno. Si quiere hacerles más dulce el traslado, dígale que les sembrará camotes o remolachas solo para ellos en este otro terreno y, si les hace esta promesa, debe cumplirla.

Luego de haberle repetido este mensaje durante varios días a la taltuza cautiva (hasta que usted sienta que le ha "comprendido"), vaya a soltarla al túnel de donde la sacó, repitiéndole que lleve su mensaje a sus compañeros.

Este método también funciona contra las hormigas arrieras (las que cortan hojas). Párese en el caminito donde están acarreando (porque no va a funcionar si no lo pueden oír) y dígales que por favor vayan a encontrar su comida en algún otro lugar porque usted necesita estos árboles. Sea diplomático. Con una vez que lo haga será suficiente, si no fuere así, repítalo al día siguiente, pero pregúnteles por qué no le hicieron caso la primera vez. Escriba su contestación (con escritura automática). Puede que tengan que llegar a un compromiso y a hacer un trato.

P: ¿Qué hay acerca de sembrar nuestros propios bananos?

R: Las bananas son sus ángeles, todo lo que llega de ellas es amor – amor – y más amor, desde lo tierno de sus jóvenes hojas hasta las hojas con alegres manchas obscuras y sus tallos acuosos y gruesos. Y las hojas grandes y viejas. Todos participan felices en el amor. De todas las plantas existentes, éstas son las que más dan y reciben amor. Sus bendiciones nos llegan con la gentileza de pequeñas gotitas de amor.

Es por esto que nosotros siempre debemos tener bananas sembradas cerca de donde vivimos (preferiblemente de las variedades que dan fruta, no de las ornamentales), si alguna vez se va a vivir al Norte, siembre por lo menos una en una macetona. No hay un mejor regalo para los norteños que estas plantas.

P: ¿Qué nos dice acerca de las técnicas biodinámicas?

R: Si. Las técnicas de Steiner, tal como las enuncia en sus disertaciones sobre agricultura, son excelentes. Él fue un genio y actuaba en conjunto con los guardianes espirituales del conocimiento agrícola (tal como también lo fueron los que fundaron Findhorn). Sin embargo, las técnicas de Steiner no son más válidas que las que nosotros estamos canalizando para ustedes; solo son un poco más detalladas, más específicas y más complejas. Un granjero profesional haría bien en seguir a Steiner. Y cualquiera que decida seguir a Steiner haría bien en hacer él mismo las fórmulas en vez de comprarlas ya hechas. La parte más importante es poner sus propias vibraciones en la tierra y las plantas; revolver simple agua – felizmente – por horas y luego rociarla en las plantas y la tierra es mucho mejor que utilizar las fórmulas compradas en la tienda y luego no agitarlas por suficiente tiempo o no hacerlo con un corazón feliz. Todo lo que usted haga en la agricultura debe ser hecho con felicidad, o mejor no lo haga en absoluto. Afortunadamente, la agricultura es una ocupación intrínsecamente feliz, así que no es difícil lograrlo.

P: ¿Steiner tenía un montón de técnicas excéntricas para tratar con la maleza, insectos y enfermedades; aún Pfeiffer y sus otros seguidores admiten que no funcionan. Por qué no?

R: Porque ellos dudan de que funcionen. Son sus dudas, y las de Pfeiffer, que no permiten que estas técnicas funcionen. Si usted no tuviera ninguna duda de que funcionarían, entonces funcionarían.

Esa es la única razón por la que su mundo materialista "funciona" – que cuando usted enciende el televisor, este funcionará – es porque usted cree que funcionará. Si usted creyera en esas técnicas con la misma certitud de que al darle vuelta a la llave el auto arrancará, entonces funcionarían.

P: ¿Cómo debo injertar?
R: Como siempre se ha hecho. Sin embargo, llene su incensario con incienso o sándalo. Inciense el árbol del cual va a tomar los injertos. Dígale que siente mucho causarle dolor pero que las ramitas que le está quitando se volverán nuevos arbolitos. Pregúntele si está de acuerdo.

Inciense los injertos con el deseo de que se peguen y prosperen. Inciense los patrones donde se va a injertar y discúlpese por el daño que les va a causar, y dígales que van a recibir nuevas "cabezas" que son más productivas y que pronto estarán viviendo en la tierra. Si tiene la sensación de que algún tallo o injerto no está de acuerdo, entonces mejor no lo utilice. Ese no se pegará. Injerte como lo haría normalmente, pero hablándole tanto al tallo como al injerto y deséeles buena suerte, que puedan unirse y prosperar y ser fructíferos.

Después de terminar, acaricie suavemente el tallo y el injerto, desde abajo hacia arriba, mientras visualiza al injerto pegándose y sanando, y al árbol creciendo de un arbolito a un árbol maduro, y cuando su mano pase sobre la punta del injerto, mire hacia arriba y veas al árbol maduro lleno de frutos.

Luego agáchese y dele un beso al injerto, con el deseo que se pegue y prospere. Haga esto con amor verdadero y un sentimiento benévolo. Y luego encomienda el árbol a la tierra.

En No Permitir Que Los H. de la Gran P. Lo Desalienten

El sendero espiritual sería pan comido si no fuera por los H. de P. Amar al prójimo no sería ningún problema si no fuera por los H. de P. Y, desafortunadamente, el mundo está lleno de ellos. Así que, en algún momento de nuestro viaje espiritual, sería aconsejable tomarnos unos momentos para tratar de decidir como manejaremos a los H. de P. Básicamente solo hay dos formas de comunicarse con un H. de P.: con sometimiento o implacablemente. La sumisión puede ser de dos formas – podemos acobardarnos, doblegarnos y lloriquear temerosos, o podemos rugir con ira. Cualquiera de estas reacciones está diciendo: "Estoy accediendo a jugar tu juego siguiendo tus términos. Te voy a permitir que abuses de mí. Voy a aceptar tu odio hacia ti mismo como si fuera mío." Ambas reacciones son formas de auto lástima y permiten que el H. de P. nos robe toda nuestra energía. Mientras que reaccionemos ante ellos, les estamos diciendo: "Aquí están las riendas de mi vida. Te voy a permitir decidir como debo sentirme."

Eso mismo estamos diciendo cada vez que nos dirigimos a otra persona pidiéndole que valide o apruebe. Pero cuando vamos hacia una persona para que nos valide sabiendo que nos va a rechazar (negándose a sentir lástima por nosotros cuando lloramos o a tenernos miedo cuando rugimos), entonces estamos colaborando activamente para que nos oprima. Si necesitamos colgarnos del cuello de alguien que nos oprime, entonces nosotros estamos jugando algún jueguito del ego.

Ni el llorar ni el rugir son responsables de la situación en que nos encontramos. Si los H. de P. son los que nos están oprimiendo, obviamente ellos no se van a sentir conmovidos por nuestros ruegos, ni se van a asustar por nuestras rabietas. Tanto llorar como despotricar son estrategias pésimas cuando estamos tratando con H. de P.s. Esas son solo pequeñas actuaciones que adoptamos para nosotros para sentirnos superiores a nuestros opresores – más sensitivos, más rectos, más justificados al ser indulgentes con nuestra negatividad – por ejemplo: al tratar de forzarnos a entrar en su forma de pensar en vez de sacarlos de nuestro espacio.

Invadir el espacio de otra persona significa tratar con ellos con mala fe; es tratarlos como si fueran objetos y no como personas vivas que tienen sentimientos; aun cuando (especialmente cuando) se hace en nombre del "amor" (para "ayudarles"). El no respetar los sentimientos de otra persona, el tratar de imponerle nuestros propios pensamientos o sentimientos es, literalmente, una forma de vampirismo. Es la forma en que la gente que se siente desgraciada puede forzar a otra persona a cargar su propio malestar. Los torturadores y los sadistas hacen esto conscientemente, deliberadamente y sin sentir vergüenza, recibiendo un golpe de superioridad al ver el miedo que le imponen a su víctima – ellos pueden hasta prolongar su propia duración de vida chupándole la energía a otras personas (esto lo explico con más detalles en mi libro *Thought Forms*). El punto al que estoy llegando es que los H. de P. no están haciendo nada diferente a lo que hace un vampiro, solo que lo hacen ineptamente (inconscientemente). La magia negra no es otra cosa que mala fe – hacer que alguien se sienta mal: sintiéndose superior a ellos, echándoles lodo, criticándolos, regañándolos constantemente, haciéndoles sentir temor, o furiosos, o culpables. Solo puede ser vencido por una completa negativa a reaccionar.

Dar la otra mejilla no es un acto de sumisión, sino de reto. No es un acto de consentimiento supino al auto odio de la otra persona, sino es decir: "Sé que en este momento llevas las de ganar, pero no te tengo miedo y tampoco pienso jugar tu jueguito según tus reglas. Me niego a aceptar como mi propiedad el odio que sientes hacia ti mismo."

Nosotros solo aceptamos a esa gente en nuestro espacio mientras estamos de acuerdo en tener algo feo en nuestro interior. Cuando por fin estemos listos para hacer un cambio – sacar las cosas feas de nuestro interior, entonces aventamos al H. de P. fuera de nuestro espacio (o ellos percibirán que ha llegado el momento de retirarse). Si nos ponemos a analizar el contenido de nuestras imágenes/fantasías observaremos que en todos los casos nuestros intentos han sido para que se sienta mal el H. de P. – o sea la misma cosa que el H. de P. nos ha estado haciendo a nosotros. Para romper este círculo vicioso alguien (presumiblemente nosotros) debe dejar de sentirse mal y dejar de tratar que la otra persona se sienta mal.

Ser despiadado significa que, con firmeza (pero gentilmente) echaremos a la otra persona de nuestro espacio. No significa ser cruel o tener mal corazón, lo que significaría entrar en su espacio; pero sí significa ser inamovible, inexorable. Significa mantener escondidos nuestros propios sentimientos y no aventárselos al opresor.

Ser despiadado también significa hacer todo lo posible para componer la situación. Esto suena bastante obvio pero ¿qué tan frecuentemente estamos dispuestos a las pedradas y las flechas que nos manda la fortuna en vez de unirnos contra un mar de problemas y, al oponernos, los acabamos? Si la situación es claramente imposible de sostener, entonces no nos queda mas que hacer borrón y cuenta nueva. Si un tipo está parado frente a nosotros con una pistola apuntándonos, entonces no hay mucho que podamos hacer.

Pero muchas veces aguantamos a causa de la agenda de auto odio que nos tenemos. Si usted es demasiado tímido para hablarle claramente o para actuar para cambiar esa situación inaguantable, entonces usted está aprobando su propia opresión y buscando auto lástima con esa relación. La otra persona no puede entrar en nuestro espacio a no ser que nosotros se lo permitamos. Ellos ciertamente nos pueden hacer daño, pero no nos pueden poner un rizador dentro de él, doblando nuestros sentimientos cuando les da la gana, forzando su infelicidad en nosotros, a no ser que reciban nuestra aprobación. A no ser que nuestro opresor sostenga en sus manos el poder instantáneo para matarnos o dejarnos vivir, sin que tengamos posibilidad de escape, entonces seguramente habrá algo que podamos hacer para aliviar nuestra situación sin que ese algo sea retorcernos las manos y lamentar a los cuatro vientos nuestra situación desesperada.

Si no se siente contento en una relación, entonces decida que cambios debe haber para que sí se sienta confortable y pídale de buena manera a la otra persona que haga los ajustes correspondientes. Si ellos le ignoran o le disparan, entonces termine con esa relación inmediatamente. Dese la vuelta, aléjese, sacuda el polvo de sus zapatos y no voltee a mirar atrás. Desde luego que la otra persona puede objetar y tener sus propios cambios que usted debe cumplir: en ese caso, de buena fe traten de trabajar unidos para encontrar un territorio neutro en el que ambos puedan vivir tranquilos. Pero si él o ella se niegan a trabajar de buena fe, corte la relación.

Pero cuando no hay nada más humanamente posible que podamos hacer para aliviar esta relación tóxica y no nos podemos quitar al H. de P. de encima, entonces tenemos que enfrentarlo. Y "enfrentarlo" significa enfrentarlo – no aventar nuestra rabia y frustración a la cara del H. de P., no sacar nuestra rabia y frustración aventándosela a otras personas ajenas al drama, como nuestros niños, cónyuge, empleados; no lamentándonos y quejándonos con personas ajenas al caso, sino más bien, absorbiendo las malas vibras del H. de P. sin reaccionar ante ellas – solo mantener nuestros propios sentimientos muy adentro y estar felices de poder lograrlo.

Toda ira es auto ira, todo odio es auto odio. Si siente ira hacia alguien es porque usted está enojado consigo mismo por permitir que esa otra persona le saque de quicio. Si un niñito de 3 años le gritara "¡Te odio!", a usted le da risa, ¿verdad? Usted no se sentirá ofendido; pero cuando un adulto lo hace, sí. Se trata de usted, amigo, no de ellos. Esa fue su decisión (dejar que ellos lo saquen de sus casillas). Amarse a sí mismo de verdad, significa poder amar a alguien que lo está rechazando sin importarle por qué lo están haciendo – igual que haría con ese niñito de 3 años: no tomaría ese rechazo personalmente ni permitiría que anide en su corazón, no permitir que ese rechazo suplante al amor que siente por usted mismo, no permitir que el rechazo de esa persona se torne en el rechazo que usted siente hacia sí mismo (porque le importa lo que esa persona haga o deje de hacer).

Ser despiadado también significa tomar seriamente en cuenta las críticas del H. de P. por su valor informativo. Esto es ser despiadado consigo mismo. Aún cuando el H. de P. solo nos esté menospreciando por el gusto de hacerlo, muy a menudo las cosas que nos dicen son bastante ciertas. Lo que es más, muchas veces son cosas que nuestros buenos amigos jamás nos dirían, ya sea porque las dejan pasar o porque han aprendido a aceptarlas. La única información real que podemos obtener sobre nosotros mismos proviene de nuestros enemigos.

Si lo que el H. de P. está diciendo acerca de nosotros es una estúpida y absoluta mentira, entonces: ¿qué tiene eso que ver con nosotros? ¿Porqué gastar nuestro tiempo preocupándonos de ello? Ahora, si por alguna razón nos sentimos inconfortables por sus pensamientos o sus palabras es porque en algún nivel interior sabemos que tienen razón. Si tomamos las acciones del H. de P. personalmente, como si en realidad se aplican a nosotros, es porque en realidad sí se aplican. Si no fuera así, nos daríamos cuenta que las acciones del H. de P. son solo manifestaciones de su auto odio y sentiríamos lástima de ellos, en vez de sentirnos ofendidos y sentir que somos mucho mejores que ellos.

Puede ser que las críticas del H. de P. sea solo como una mota de polvo en nuestro ojo comparado con el arenal dentro del de ellos, pero aun los H. de P. tienen tanto derecho a tener sus propios puntos de vista como nosotros a los nuestros. Aun cuando sus sentimientos hacia nosotros sean de odio injustificado y deseo de causarnos dolor, ellos tienen derecho a cualquier sentimiento que quieran. Conceder espacio a otra persona significa dejarles solos con su auto odio – no tratar de cambiarlos, ayudarlos, convencerlos, consentirlos o someternos a ellos por miedo o culpabilidad. Ser abierto con otras personas no significa ser honesto, si la honestidad no va a ser comprendida o apreciada. Eso de llegar ante nuestros opresores y decirles (en cualquier nivel) "Usted no tiene derecho de sentirse así o de tratarme de esa forma" es negarles su espacio, es tratar de imponerles nuestro punto de vista, lo que siempre va a ser una empresa ineficaz y, especialmente, cuando ellos tienen el mando sobre nosotros. Es de presumir que nuestros opresores no se ensañaron contra nosotros aleatoriamente – presumiblemente ellos creen que tienen una cuenta pendiente que saldar con nosotros de una vida anterior u otra realidad alterna – y si nosotros pudiéramos ver qué fue lo que les hicimos en esa otra vida, podríamos comprender qué es los que los hace acosarnos e injuriarnos en la presente.

Si alguien está siendo odioso contra nosotros, debe haber algo odioso dentro de nosotros que ellos están viendo. Ese odio puede tener sus raíces en otra vida pero, aun así, sigue dentro de nosotros. Pretender que no es así, el negar responsabilidad por nuestro propio karma, es algo que no debemos hacer. No hay efecto si no hay causa. El H, de P. nos está diciendo: "veo algo odioso dentro de ti", contestarle "no, no es cierto, te estás imaginando cosas" es ser extremadamente irrespetuoso con sus sentimientos. El asumir que nuestro criterio es superior al de ellos (que somos más importantes que ellos) es ser odioso. El encontrar excusas por algo que hicimos en vidas pasadas es inexcusable.

Y, además, casi todo el tiempo lo que el H. de P. está viendo dentro de nosotros no es solo algo que sucedió en otra vida, está viendo algo que sucede actualmente. Si el H. de P. nos parece odioso entonces lo que estamos viendo es un reflejo de nuestra propia odiosidad, si no fuera así estaríamos sintiendo lástima por ellos.

Si hay alguien que nos está oprimiendo entonces debemos voltear a ver a nuestro alrededor: hay alguien a quien nosotros estamos oprimiendo en exactamente la misma forma. Un opresor solo nos puede causar dolor cuando nos está pinchando nuestra auto importancia; y si tenemos auto importancia debe haber alguien a quien estemos oprimiendo. No puede suceder que alguien se haya metido profundamente en nuestro espacio a no ser que nosotros estemos metidos profundamente en el espacio de alguien más. Debemos poner mucha atención a este punto, porque a no ser que podamos ver como y a quien estamos oprimiendo, nunca vamos a aprender la lección que el H. de P. que nos está oprimiendo nos está enseñando. No podremos hacer que el tipo que está enfrente de nosotros nos deje de machucar el pie si nosotros no dejamos de machucarselo al que está parado detrás. Y si tratamos de librarnos de las malas vibras del H. de P. tirandolas encima de otras personas, solo habremos principiado a jugar el mismo juego que todos los H. de P. Alguien, en algún momento, le paso todas sus malas vibras al H. de P. y él está tratando de liberarse de ellas pasándonolas. Y si nosotros tratamos de hacer la misma cosa – tratar de pasárselas a otra persona – entonces nos estamos enganchando a la cinta transportadora de malas vibras, haciendo nuestra pequeña parte para destruir al mundo. Pero si detenemos las malas vibras absorbiéndolas en vez de reaccionar ante ellas o enviárselas a alguien más, entonces estamos poniendo nuestro granito de arena para sanar al mundo. En algún lugar alguien tiene que asumir esa responsabilidad y no pasar mas esa basura, y las malas vibras que nos avienta algún H. de P. es nuestra porción de basura que debe ser limpiada.

El evitar las malas vibras del H. de P. aventándoselas de regreso o pasándoselas a alguien mas es evitar nuestra responsabilidad personal hacia el universo. Aguantar a los H. de P. es la razón por la cual fuimos puestos en la Tierra en esta época. El aguantar sus ataques sobre nuestra auto importancia (y no defender nuestra auto importancia de sus ataques) es la única manera de erosionar nuestra auto importancia y erradicarla. El sentir la rabia en las malas vibras del H. de P. sin mancillar nuestra paz interior es nuestro único sendero hacia la iluminación. Es la única tarea importante y que vale la pena hacer en este momento de nuestras vidas.

Básicamente nuestro problema es que nunca se nos enseñó como debemos relacionarnos con otras personas – a respetar su espacio y el nuestro. La sociedad actual – casi todas las personas con las que nos relacionamos – consiste en que todos traten de mostrarse superiores, embadurnando su auto importancia y su auto odio en la cara de los demás. Nos han enseñado a relacionarnos con otras personas exactamente igual a como nos enseñaron a relacionarnos con los insectos que nos pican: o nos quedamos sentados viendo como nos chupan la sangre o les damos un tastazo. No sabemos como relacionarnos con otras personas y tampoco sabemos cómo relacionarnos con los insectos. Podríamos hablarles a los insectos educadamente y pedirles que dejen de picarnos; y quizás nos escucharían y nos dejaran en paz. Y si no lo hacen, entonces gentilmente los podemos alejar.

Tratamos a la demás gente igual que a los bichos, ya sea dejándoles chuparnos (lo que equivale a consentírselos, pero creemos que eso es amarlos o ser pacientes con ellos), o les damos de tastazos. Nosotros no nos responsabilizamos por mantener una relación existente – asumimos que no podemos coexistir si no tenemos ganadores y perdedores.

Amar a nuestros enemigos no significa estar besuqueándolos y sobándolos; solo significa actuar placenteramente y ser corteses, tratándolos de la misma manera como quisiéramos que ellos nos trataran a nosotros, seguir sintiéndonos felices a pesar de ellos. Significa no sentirnos ofendidos por los H. de P., no despersonalizarlos y tratarlos como objetos – que son excusa para nuestro propio auto odio y auto lástima. Amar a los H. de P. significa amarse a sí mismo aún ante la presencia de los H. de P. – dándole un modelo a seguir de felicidad, en vez de un reflejo de su propio enojo e irritabilidad.

En la sociedad actual, casi todo lo que esta aconteciendo se tapa con montañas de mentiras, fingimientos e hipocresía. Hay tanta mala fe que hoy se disfraza de "amor". Pareciera que las personas que profesan amarnos mas que todos los demás son los que nos hacen más daño. Las novelas de William Faulkner tienen un muy buen sentido de corriente subterránea de la sociedad actual – el contraste de lo que aparentemente está sucediendo en la superficie, y lo que en realidad esta sucediendo por debajo. En las novelas de Faulkner los H. de P., como Popeye, Flem, y Christmas, se enseñan como en realidad son: gente triste y confundida que están hambrientos de amor, pero que se sienten tan indignos de recibirlo que solo pueden gritar (por su comportamiento), "¡Ódienme!, ¡Recházenme!, ¡Soy tan feo y odioso que necesito su furia y su miedo para validar mi auto odio!"

La única manera de ganarle su propio juego a un H. de P. es amándole de todas formas.

Mirando Fotografías

Casi ninguno nos damos cuenta hasta qué punto nuestro entrenamiento en sociedad ha distorsionado nuestros sentidos. En nuestra sociedad se nos enseña a reprimir nuestros verdaderos sentimientos y poner completa atención a nuestro interminable dialogo interior cada minuto que estemos despiertos, y ésto impide nuestra habilidad de percibir al mundo fuera de nosotros. Ocasionalmente, logramos aflorar de nuestro parlotéo constante hacia el mundo exterior y chequeamos donde nos encontramos y qué estamos haciendo; pero pronto nos sumergimos de nuevo en nuestros ensueños familiar de gloria y vindicación.

Aún cuando estamos cara a cara con otra gente, es raro cuando los vemos; pues estamos acostumbrados solo a verlos vagamente sin prestar atención a su físico. Solo vemos a otras personas cuando los miramos directamente a los ojos y les prestamos nuestra atención total (sintiendo con ellos).

El desarrollar la visión psíquica (y cualquier otra habilidad psíquica) es solamente poner atención a las pequeñas cosas que suceden a su alrededor. La mayoría de las personas no ven la magia de la vida porque tienen toda su atención puesta en el barullo, ajetreo y bullicio en que se ven envueltos. Para desarrollar sus habilidades psíquicas debe ir con menos prisa y poniendo atención a los pequeños detalles periféricos en vez de a lo que sucede frente a su cara; y también no enfocarse directamente sobre las cosas, sino verlos por la esquinita del ojo. Todos los ejercicios para ver principian por cruzar los ojos para relajar la mirada y así poder crear una doble imagen,

Para poder reacondicionar la forma en que usted mira el mundo es preciso primero desacondicionarse. Usted reversa su condicionamiento social al enseñarle a sus ojos a ver lo que en realidad están viendo: 2 imágenes. Los adultos ya toman como un hecho que sólo es una imagen la que están viendo con 2 ojos; pero ésto lo tuvimos que aprender a hacer. Un recién nacido ve dos imágenes, y le lleva bastante tiempo aprender a ignorar este hecho para poder unificar las dos imágenes en una sola. Los adultos nos acostumbramos tanto a hacerlo que ya no nos damos cuenta del esfuerzo que estamos haciendo para mantener esta única imagen cada segundo. Si en alguna oportunidad usted se ha emborrachado totalmente, sabrá lo difícil que es enfocar una única imagen en ese estado. Este mismo esfuerzo tan extenuante – forzar las dos imágenes hasta que se unan (o, mejor dicho, olvidarnos de que son dos imágenes las que estamos viendo) – es exactamente lo que los bebes deben aprender a hacer, pero sin la memoria de qué es una visión enfocada para guiarles.

Generalmente un bebé aprende este esfuerzo alrededor de los dos meses de edad, que es cuando principia a sonreírle a la gente. Antes de eso, el infante tenia que integrar dos imágenes menos enfocadas de la persona. Y, como este ejercicio de contemplar fotografías nos va a mostrar, no fue fácil comprender que las dos imágenes que estaba viendo correspondían a una sola persona, ya que las dos imágenes pueden ser bastante diferentes y tienen un significado diferente (por ejemplo, una puede hacer sentir amistad, pero la segunda nos da miedo, como notaran en la foto de José Stalin que está a continuación). Así que al bebé le lleva un tiempo darse cuenta que sólo hay una persona enfrente de él o ella; y que sólo hay un testigo viendo a esa persona (no dos).

Y es esta habilidad para crear una sola visión la que hace que creamos que solo hay un único ego unificado (un solo yo al que le están sucediendo cosas). Para los recién nacidos hay dos testigos, no uno; y a resultas de esto, los recién nacidos tienen muy poco sentido de poseer un ego en su interior – de que haya un "yo" unificado en su centro (esto es un punto filosofal sumamente importante, el cual discuto en mi libro *Thought Forms*).

Es un hecho que sus dos ojos están viendo todo el tiempo dos imágenes. Así es como los recién nacidos ven el mundo. Fue su entrenamiento social (durante sus primeros meses de vida) que le enseñaron como "mezclar" estas dos imágenes para hacer una sola. El esfuerzo involucrado para mantener este enfoque momento-a-momento en una sola imagen es bastante estresante; pero usted (como todos los adultos) se ha acostumbrado tanto que ya no se da cuenta de lo poco natural e incómodo que es, y de cuanta información visual pierde en el proceso. Al relajar la mirada y poner su atención en la escena (doble imagen) que se presenta en su campo de visión, sus ojos se liberan para captar pequeños matices que se pierden al unificarlos.

El mirar fotografías es un ejercicio simple que puede utilizar para mejorar su habilidad de sentir con otras personas – de verlos verdaderamente como son, como opuesto a solo medio mirarlos de lado sin poner la mente en ello. Cuando mira una foto en la forma usual, la esta mirando con sus conceptos – no es parte de usted. Pero cuando contempla una foto con ojos algo cruzados, la esta viendo con sus sentimientos, así que, de algún modo, usted se vuelve parte de la escena.

Las fotos espontáneas, particularmente las fotos en las que el sujeto está emocionado, son generalmente más reveladoras que las fotos posadas, tales como las que se usaron para ilustrar este ensayo. Eso es porque en los retratos el sujeto tiene tiempo para posar, para ponerse una mascara; mientras que en las fotos espontáneas se capta al sujeto infraganti. Generalmente habrá menos diferencias entre el lado izquierdo y el derecho de la cara cuando son posadas.

Tome la foto de la cara de una persona. Yo encuentro más fácil tomar la foto con tres cuartos de giro de la cabeza y en la que la cara ocupa un espacio de 1 ½ a 2 ½ pulgadas; pero con las fotos caseras usted puede ayudarse con una lupa. También puede usar la cara de una persona conocida y todavía viva, pero sería mejor que primero le explicara qué está haciendo o pensarán que se ha vuelto loco (una vez le explique, sabrá que está loco).

Sostenga la foto a unas pocas pulgadas de sus ojos para que la imagen se vea doble. Para algunas personas es más fácil sostenerla un poco mas alejada y bizquear para producir las dos imágenes; con fotos grandes, o con la persona viva frente a usted, tendrá que bizquear para poder separar las imagenes. Puede tomarle un poco de ajustamientos antes de que logre mantener las dos imágenes simultáneamente con un

Viviendo la Magia

fondo neutral. Si se siente muy tenso, puede mejorar parpadeando. Si hay otras caras o si el entorno interfiere con la cara que le interesa, tápelas con un pedazo de papel. Cubra cualquier cosa que le distraiga.

Si al ponerse bizco las imágenes se ponen borrosas, no se preocupe: lo que esta buscando son sentimientos y no detalles físicos. Esa fue la razón por lo que la visión unificada evolucionó en el primer lugar – para obtener mas claridad y detalles visuales (particularmente la sensibilidad mejorada del movimiento, tan necesaria para los animales predadores, tales como el hombre que se obtienen vía paralaje). Pero en ejercicios de contemplación, cómo se siente la escena es más importante que cómo se ve, así que no importa si las dos imágenes están un poco borrosas.

Manteniendo las dos imágenes separadas, preste atención a una y luego a la otra, comenzará a notar que las dos imágenes no son iguales – que la apariencia general de la imagen, y aun la expresión en la cara del sujeto, es diferente en el lado derecho a la del lado izquierdo. La diferencia puede ser bastante sorprendente: cuando contemplo fotos mías de cuando era niño, por ejemplo, sin importar que en la foto el lado izquierdo esté sonriendo o riendo, el lado derecho esta invariablemente llorando o enojado. Similarmente, en casi todas las fotos de mi padre (en especial las de sus últimos años) aun cuando en el lado izquierdo se ve feliz y divirtiéndose, el lado derecho generalmente muestra un gran dolor y agonía.

La imagen que aparece en la izquierda, que es vista por el ojo derecho, muestra la personalidad exterior – el yo que esa persona conscientemente proyecta y reconoce (en el momento en que se tomo la foto). La imagen que aparece en la derecha, que es visto por el ojo izquierdo, muestra la personalidad interior del sujeto – sus verdaderos sentimientos en el momento en que se tomó la foto.

Primero note si una de las dos imágenes es más nítida. Cuando la imagen de la derecha es más clara, mejor delineada, más grande, o más colorida (si se tratara de una foto a colores), significa que el sujeto es más profundo de lo que aparenta, o está sintiendo sentimientos que no quiere enseñar abiertamente. Por ejemplo, en la foto de Gertrude Stein, el lado izquierdo parece plano, de dos dimensiones, huraña. La izquierda se ve severa y masculina; también más triste y más cansada – es su lado predominante. El lado derecho parece más sabio, pero también mas bondadosa, maternal, femenina. Por el lado derecho mira

Gertrude Stein

directamente a la cámara, pero el lado izquierdo está observando abstractamente más allá de ella.

En la foto de F. Scott Fitzgerald, la parte izquierda parece ser más grande y mejor enfocada, pero a la vez, se ve tiesa y anodina, como si estuviera escondiendo su verdadera personalidad o manteniendo sus verdaderos sentimientos ocultos. La parte derecha es más pequeña y oscura, pero es más juguetona – más humana y humorística – y su mirada es más penetrante.

F. Scott Fitzgerald

Debo enfatizar que cada quien ve en las fotos algo diferente, y la forma en que yo las contemplo no es necesariamente la forma en que usted lo haga. Obviamente hay algo del test de la mancha de Rorschach, la gente tiende a ver cosas similares. No existe una forma correcta o incorrecta de hacerlo – cada cual encontrara su propio estilo. En mi caso, las dos imágenes se notan diferentes, pero para otras personas el sentimiento ocurre en el centro de las dos imágenes (las imágenes mismas no son tan importantes). Lo único que es esencial es mantener la vista relajada pero la atención enfocada.

La forma en que yo hago este ejercicio, la imagen de la izquierda es lo que el sujeto está tratando de proyectar conscientemente (el lado publico); mientras que la imagen de la derecha revela lo que en realidad esta sintiendo en su interior. Sin embargo, para algunas personas es al revés. En la forma en que yo veo las fotos, la de Tallulah Bankhead me la muestra distante, aislada e indiferente en su lado izquierdo – arrogante o dubitativa. Se nota que está posando – parece como

Tallulah Bankhead

muñeca, falsa, como si fuera una estatua de porcelana. En el lado derecho parece más contenta, cálida e interesante, hasta un poco seductora. Casi parece una foto de antes/después: el lado izquierdo parece maquillado mientras el derecho es más natural y humano.

Nikolai Lenin

Es muy raro encontrar un sujeto cuyos dos lados sean idénticos. Esto significa una persona bien integrada, conocen sus sentimientos internos y los proyectan abiertamente (por lo menos en el justo momento en que se tomó la fotografía). La persona no se está reprimiendo ni pretendiendo ser algo que no es. Por ejemplo, en la foto de Nicolás Lenin no encontramos mayor diferencia entre un lado y el otro; vistos los dos lados por separado él no se ve feliz en ninguno de ellos, pero unidos se ve contento. El lado izquierdo esta un poco más claro, enseña más fortaleza, y un poquito más duro el lado derecho: el lado izquierdo esta despierto mientras el derecho tiene el párpado caído y parece medio dormido; el lado izquierdo parece que ya no siente nada mientras el derecho ya está cansado de luchar con la vida.

Después de determinar cuál imagen se ve más clara, usted debe sentir las dos imágenes. Trate de establecer el

Joseph Stalin

sentimiento y la actitud expresada en cada lado. La diferencia entre las dos imágenes sí tiene una base visual, pero es más una forma de sentir que de ver. La imagen que es más clara y grande es también la que parece más viva y humana, pero esto no es siempre así. Por ejemplo, en la foto de José Stalin el lado izquierdo esta mas difuso, sombreado y poco definido: parece vagamente divertido. Ese lado es más humano – usted probablemente le podría hablar. El lado derecho, es más claro, dominante y duro. Ese lado se ve verdaderamente maligno y da miedo – usted no querría enfrentársele si pudiera evitarlo, mucho menos traicionarlo.

Una vez se haya convertido en un experto en la técnica básica (que no debería llevarle mas de 10 minutos), debería usarla con fotos de parientes o de amigos. Podría sorprenderse al notar que personas que considera sus amigos o aliados son bastante superficiales o aun predadores cuando los separa en dos imágenes. Es buena idea no ser muy confiado e inocente en sus tratos con esas personas.

Ahora pongamos por ejemplo a Diego Rivera, el lado izquierdo parece ser más duro y contundente, como si se estuviera preparando para recibir alguna noticia mala. Un lado izquierdo más fuerte que el derecho indica a una persona que está actuando o proyectando una imagen falsa (por lo menos en el momento en que se tomo la foto). Su lado izquierdo tiene una expresión de estar listo para cualquier cosa, con una mirada alocada, casi

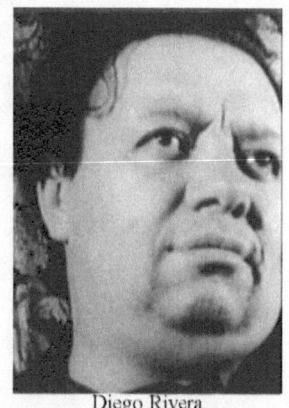

Diego Rivera

como si sus ojos estuvieran listos para retroceder entre su cráneo en furia. El lado derecho es más borroso, también más triste y como si está reprimiendo las lágrimas. El izquierdo está pensando sus propias cosas mientras que con el derecho ni siquiera está pensando – solo está contemplando.

Salvador Dali   Man Ray

En la foto de Salvador Dalí, el lado izquierdo es más claro y liviano. Parece tieso y casi como si fuese un maniquí, con algo de asustado o sorprendido. En el derecho se ve más cálido y humano, aunque un tanto perplejo; se nota más "presente" el derecho que el izquierdo. Cuando divide la foto en dos, se da cuenta inmediatamente que está fingiéndolo – poniendo esa expresión para la cámara. La persona a su lado, Man Ray, parece más serio y triste en el lado izquierdo: agresivo, limitado y terco, como si se está reprimiendo. Su lado derecho es más suave, más relajado, introspectivo y pensativo, También se ve más viejo, cansado y retraído en el lado derecho.

El objeto de este ejercicio es ver más allá de la impresión cotidiana que tiene sobre las personas y descubrir lo que usted realmente siente sobre ellas: es sentir con ellos en vez de enredarse en sus conceptos preconcebidos sobre quienes son. Cuando contempla fotos podrá encontrar que algunas personas que le caen mal o que considera sus enemigos están en realidad doliendo en su lado derecho, y talvez hasta cambie o suavice su actitud hacia ellos.

La famosa sonrisa enigmática de la Mona Lisa puede ser deconstruida de la siguiente manera: su lado izquierdo tiene una expresión beatífica, abstraída y lejana – como si estuviera inmersa en pensamientos concernientes a cosas no mundanas. Parece triste, sabia y un poco más vieja. Su lado derecho es más cálido, con más energía y brillo, es más humorístico y mundano (como la de una prostituta guiñándole a un posible cliente).

Contemplar fotos no es realmente contemplar. Es un buen ejercicio preliminar antes del verdadero contemplar: adivinación, ver auras, y otras técnicas psíquicas visuales. Contemplar es una técnica que puede proveer un portal hacia la proyección astral, al entrar directamente a una escena contemplativa. Para contemplar, bizquée ligeramente, vea cosas que están cerca de usted (no lejanas). Al principio mire cosas pequeñitas muy de cerca. Examine cositas que están en la tierra o en la corteza de un árbol. No debe cruzar los ojos muy seriamente, debe ser suave y relajado, solo para perder el enfoque; no es para que todo se ponga borroso; sino para obtener una doble imagen relajada. En toda contemplación, lo que se siente es más importante de lo que se mira. No se le quede viendo a lo que está examinando, dele una rápida ojeada y vea hacia otro lado y repítalo, o trate de verlo con la visión periférica, o mire a un ladito como lo hace de noche. Usted no mira las cosas directamente a no ser que sean demasiado sólidas y estén tratando de enseñarle algo. O sea, que estén tratando de capturar su atención. Si usted esta acostumbrado a rezarle a una imagen (Jesús, María, Krishna, Buda), trate de contemplar la imagen mientras reza: puede sorprenderse de qué tanto facilita un contacto corazón a corazón con el espíritu de esa imagen (trae a la vida la imagen).

Un ultimo punto: A no ser que sea absolutamente necesario (como con las fotos del pasaporte o de el carnet de conducir), es mejor no permitir que le estén tomando fotos o videos. Tal como se muestra en este ejercicio, La persona deja un pedacito de sí mismo en esa foto: y es una buena regla el no estar dejando pedacitos de sí mismo por doquier y sin ningún propósito (yo estaba tratando de seguir este consejo, pero mis guías – quienes me canalizaron este set de manuales para el entrenamiento mágico – quieren que sean diseminados profusamente: y en el negocio de vender libros sobre magia en esa Nueva Era, eso significa publicar fotos del autor sonriendo, en cada uno y todos los libros y artículos que escriba. Así que mis guías me dijeron que lo hiciera. Por lo menos escogí una foto donde no estoy sonriendo).

Criando Niños por Diversión y Lucro

No es difícil ser un buen padre. Todos queremos ser buenos padres; todos tratamos de ser buenos padres; así que, con esa motivación, seguro que seremos buenos padres. Ser un buen padre es sencillamente un asunto de: 1) seguir nuestras corazonadas, y 2) ignorar todo lo que la sociedad nos ha enseñado sobre criar niños.

Fundamentalmente, no es nuestra tarea, como padres, el enseñarles a nuestros hijos como moverse en la sociedad – el preocuparnos acerca de sus logros y de qué tan bien se estén relacionando socialmente – mucho menos el castigarlos por no estar a su "altura". La sociedad tiene su propia Gestapo de maestros, entrenadores, clérigos, líderes scouts, etc. – sin mencionar la presión de sus compañeros, anunciantes, y las redes sociales – como para mantener a nuestros hijos en línea, para enseñarles a ser "buenos ciudadanos" y "jugadores de equipo"; de "amoldarse" y de "pertenecer". Así que nuestros niños no necesitan mas de esa basura cuando lleguen a casa.

Lo que los chicos necesitan de sus padres es amor. Ellos no necesitan críticas, acusaciones, o culpabilidades; ellos no necesitan ser comparados desfavorablemente con otros chicos; ellos no necesitan ser menospreciados o patrocinados, o ser tratados rudamente porque sus padres tuvieron un día duro en la oficina.

Cuando nuestros chicos regresan a casa con malas calificaciones, o cuando han cometido alguna otra atrocidad en contra de la sociedad, ¿los castigamos y los hacemos sentir mal; o nos conmiseramos con ellos y tratamos de hacerles sentirse bien? Ellos ya se sienten mal por haber transgredido las expectativas sociales (aun cuando traten de fingirse desafiantes). Así que caerles encima con el peso de nuestra autoridad y tratar de imponerles nuestra voluntad no les va a servir de nada; y si tienen un poco de iniciativa, algún día nos lo escupirán a la cara.

Los bebés no llegan al mundo enojados y truculentos y deseando una buena pelea. Los bebés llegan al mundo tan fuera de todo y vulnerables que no se les ocurre ser

Viviendo la Magia

combativos. Así que si hay rabia y pleitos en la relación padre/hijo, entonces es lógico asumir que el padre es 100% culpable. Los padres son los confundidos. Se encuentran acobardados e intimidados por esta sociedad que todo lo sanciona cuando ellos no cumplen su rol como capataces. Los padres deben comprender que no es pecado que sus hijos saquen notas bajas o porque no van a ganar el año, o si se ensartan en peleas, o prueban las drogas, o ella no está casada, pero si esperando un hijo. Si los chicos están haciendo cosas antisociales o invitando consecuencias espantosas con su comportamiento, obviamente se sienten descentrados e infelices con su entorno. Entonces es la tarea del padre decir, "¿Oye, que es lo que te está molestando?" en vez de: "¡O te compones o te largas!" Y si ellos no quieren contestar, entonces déjelos en paz. Deles espacio, respete sus sentimientos y su derecho a tomar sus propias decisiones.

Los padres deben de dejar de preocuparse de que el comportamiento de sus chicos y sus logros se reflejen en ellos. ¿A quien le importa lo que piense el maestro o los vecinos? Los sentimientos de nuestros hijos son mucho más importantes. No se requiere que forme bando con sus hijos, más bien significa ver las cosas desde el punto de vista de ellos. No se trata de aliarse con los hijos, sino de estar de su lado. Los maestros tienen a todo el sistema educativo respaldándolos; obviamente los niños también necesitan un defensor imparcial, aun cuando sean absolutamente culpables.

La sociedad mete una cuña entre el padre y el hijo aun antes de que este nazca. El miedo común (especialmente con el primer hijo) de que nazca tullido o anormal es en realidad miedo a que no vamos a poder querer al bebe si no cumple con las expectativas de esa sociedad.

La sociedad pone cargas pesadas de culpabilidad sobre las espaldas de los padres para hacerles sentir vergüenza de sus chicos ("¿Has escuchado lo que el hijo de Sara hizo ahora?"); y los padres trasladan esa misma culpabilidad y vergüenza a sus hijos ("Usted me ha fallado, hijo"). A los padres hay que tranquilizarlos de que no importando como terminen siendo sus vástagos, eso no significa que ellos han fallado como padres. Aun si sus hijos terminan siendo como Heliogábalos, si ellos les dieron verdadero amor, entonces hicieron un buen trabajo. Aun si los hijos son raros y desagradables – aun si se masturban en público o si incendian a los gatos de los vecinos – esa no es responsabilidad de los padres, o su problema. El problema es del chico.

No es tarea del los padres moldear el carácter de sus hijos o guiar su desarrollo; ver que tengan todas las ventajas o enseñarles a competir y a ser exitosos. El único trabajo del padre es amarlos, poder decirles: "Bueno, hoy ciertamente metiste las cuatro patas, pero no te descorazones. Aprendiste una lección, seguirás vivo y respirando, etc. etc." lo que sea que el chico necesite oír en ese momento para alegrarlo, para que recobre su sentimiento de valía. Eso es lo que el hijo necesita de sus padres, y es lo único que necesita – total aceptación, si importar que fue lo que hizo. Y es responsabilidad de los padres el suplírselo.

No estoy hablando de ser indulgentes con los chicos, dejándolos correr como salvajes. En una relación "normal" de padre/hijo, a los hijos se les enseña a temer a la desaprobación de los padres. Pero existen algunos padres que reversan los roles usuales y le temen a la desaprobación de los hijos. Generalmente estos niños se vuelven verdaderas tormentas y al crecer están borrachos de poder, con nada de respeto por el espacio de otras personas. No estamos hablando sobre intercambiar roles de aprobación/desaprobación. La aprobación puede ser tan dañina como la desaprobación. Decirle a un hijo: "Te amo porque tu llenas todas mis expectativas y haces que todos los demás padres me envidien." es algo tan antipático de decirle como: "No te amo porque tu no me traes ninguna gloria." Para disciplinar a un niño todo lo que tenemos que decirle: "Oye, no me gusta lo que hiciste ahí por estas rezones …" Punto. Dígalo calmadamente solo una vez, tal como lo haría con otro adulto. No esté martillándoselo una y otra vez ni se limpie sus malas vibras en ellos.

También debemos pedirles disculpas cuando nos hemos excedido y les hemos hecho sentir mal sin ninguna razón lógica; y esto no significa un: "Ve pues … quizás sobre reaccione un poco, pero no deberías haber ..." sino una disculpa formal: "Lo siento mucho, creo que me excedí por algo que no lo merecía."

Una forma de saber si lo estamos arruinando es: si nos sentimos enojados o decepcionados con nuestros hijos, entonces estamos actuando equivocadamente. Si alguna vez sentimos algo que no sea bueno sobre nuestros hijos, si no los aceptamos, si no les tenemos simpatía, entonces estamos equivocados. Si no nos sentimos bien de tenerlos como hijos todo el tiempo, entonces lo estamos arruinando. Es por esto que los chicos son un chequeo espiritual – nos enseñan que tan lejos estamos de encontrar la iluminación.

El truco está en decirle calmadamente y mesuradamente a los hijos lo que están haciendo mal sin dejarles ir un dardo de rabia, impaciencia o enojo. Para poder hacer esto, primero tenemos que haber domado nuestra auto importancia – ser claros y desapegados (en vez de permitirnos ser jalados dentro del mal humor del chico).

Si los padres fueran seres esclarecidos, entonces talvez tendrían el derecho moral para interferir en la vida del hijo. Si los padres fueran seres exaltados (tal como los hijos creen que son) entonces talvez su aprobación o desaprobación tendría algún mérito. Pero la verdad es que los padres no tienen ni una idea sobre lo que está pasando que los hijos. La única guía por la que se rigen es la que sus padres les metieron a coscorrones: miedo a la desaprobación.

Deberíamos actuar con nuestros hijos tal como nosotros hubiésemos querido que nuestros padres actuaran con nosotros cuando fuimos niños. Es triste decirlo, pero inevitablemente, 100% del tiempo, cuando nos enojamos con nuestros hijos, es por algo que nuestros padres se enojaban con nosotros.

¿De quién aprendimos que este comportamiento (lo que están haciendo nuestros hijos) es inaceptable? ¿Por qué este comportamiento nos enoja? No por la razón visible que le estamos dando a nuestro hijo – la que le damos al hijo y a nosotros mismos – sino la verdadera razón por la que encontramos que ese comportamiento es inaceptable: lo que nuestro chico está haciendo abiertamente y que nuestros padres nos forzaron a reprimir. Vean, todos nos decimos que estamos enojados con nuestro hijo por esta o aquella razón muy válida. Todos tenemos razones impecablemente lógicas del por qué es necesario doblar fuera de forma al niño; cerrar nuestro corazón a ellos al etiquetar sus sentimientos como "aceptables" o "inaceptables"; forzarlos a doblegarse ante nosotros tal como nuestros padres nos obligaron a doblegarnos ante ellos. Y así es como les pasamos nuestra rabia hacia nuestros padres por obligarnos a doblegarnos a nuestros hijos, como si quisiéramos decirles a nuestros padres: "¡Vean, papa y mama! ¡Yo les perdono por haber cerrado sus corazones hacia mí y por haber puesto más importancia en sus imágenes que en mis propios sentimientos – mis necesidades como un chiquillo totalmente vulnerable a la más tierna delicadeza, ternura y respeto – porque yo le he hecho lo mismo a mis propios hijos!" Y así continua: la antorcha del auto odio es pasada de generación a generación. Solo se detendrá si nosotros dejamos de enojarnos con nuestros hijos, sin importar lo que hagan o dejen de hacer. Esto no es difícil de lograr una vez hagamos la conexión de que, a pesar de toda nuestra lógica maravillosa y auto justificación, todo lo que estamos haciendo al enojarnos con nuestros hijos es mantener vigente ese pedazo de nuestros padres que aborrecimos tanto.

Para los chicos, sus padres son dioses encarnados. Si el chico siente que puede tener la confianza de sus padres, entonces, más tarde, también tendrá confianza en Dios. Otra forma de decirlo es, cuando nos volvemos padres nos ponemos el manto sagrado a discreción. Esta es una responsabilidad y presunción muy seria. Casi todos la fallamos. Pero el punto es, puesto que estamos disfrazados de Dios, por lo menos hagamos un buen papel.

Esto significa darles a nuestros hijos el 100% de nuestra aceptación y perdón sin importar lo que hayan hecho (tal como Dios hace por nosotros). Chequeen como es Dios con nosotros: cuando metemos las patas ¿aparece Dios en un matocho ardiente y nos manda al infierno? No, Dios no hace eso, Dios nos deja solos para que nos cosamos en nuestro propio jugo y averigüemos que fue lo que hicimos mal. Tratar a nuestros hijos como Dios nos trata significa no hacerles sentir peor de lo que ya se sienten, sino que se sientan mejor, como si todavía fueran seres valiosos que merecen la salvación y redención, sin importar que tan pecaminosos hayan sido.

Significa no estar furiosos contra ellos sino llenos de ternura, tratar de sentir lo que están sintiendo, en vez de que ellos sientan lo que nosotros estamos sintiendo (estar de acuerdo con nosotros).

La mayoría de padres tienen impulsos verdaderamente amorosos; pero la sociedad les manda a los padres mensajes equivocados – les hace sentir culpables por ser "débiles" o de "corazón suave" o por "estar arruinando al niño". Los padres deben reconocer ese sentimiento por sus niños, callarse cualquier juicio negativo, críticas y culpabilidades es bueno. Es totalmente bueno ser cariñoso y dulce todo el tiempo; no es una señal de debilidad comprender al niño desde su punto de vista.

Cuando se enoje con sus niños piense en esto: ¿si ellos murieran en ese momento, todavía le importaría porqué estaba enojado con ellos? ¿Seria ese el ultimo mensaje suyo que quisiera que recibieran – su enojo por cualquier trivialidad?

La próxima vez que les caiga encima a sus hijos por cualquier cosa, piense en cómo se sentiría si ellos murieran en sus brazos en el próximo instante, y recapacite si vale la pena estar peleando el corto tiempo que tendrán juntos sobre esta Tierra.

El Secreto de la Oración Eficaz

El secreto para la oración eficaz es escoger el tiempo astrológico propicio para enviar sus oraciones hacia el cielo. Cuando oramos al Espíritu por algo, no le estamos diciendo algo que El no sepa ya; el Espíritu sabe que hay en nuestros corazones o mentes. En realidad, nuestras oraciones son para nuestro propio beneficio, para decretar inequívocamente ante nuestro Creador, una intención concreta. El Espíritu ni da ni quita; las circunstancias externas de nuestras vidas son totalmente un producto de nuestro propio estado karmático y emocional. Para cambiar las circunstancias externas de nuestra vida, primero tenemos que cambiar nuestro estado interior. Esto lo logramos tomando una decisión definitiva e inalterable.

Entonces, ¿Por qué es necesario buscar un momento astrológico propicio para mandar la oración al cielo? Bueno, si ya estamos con suerte, sintonizados con nuestros deseos profundos interiores y capacitados para alargar la mano y tomar de la vida lo que queremos sin titubear o sentir vergüenza – entonces no necesitamos de la astrología. Las personas con suerte ya están utilizando la astrología sin saberlo, ellos tienen un reloj interno que les avisa cuando llega el momento de actuar o cuando deben retrasar la acción. Sin embargo, casi todos nosotros no estamos sintonizados con nuestros sentimientos internos o con los ritmos ambientales del universo. O mas bien, si lo estamos, pero deliberadamente (pero inconscientemente) escogemos momentos impropios para lanzar nuevos proyectos, o para orar por algo que queremos. Pregúntenle a cualquier astrologo que tan a menudo un cliente ha requerido un tiempo propicio para abrir un nuevo negocio, o casarse, o pedir un favor, pero cuando llego el momento no pudo utilizarlo. Esto sucede porque subconscientemente el cliente quería fracasar.

Muchos de nosotros tenemos agendas subconscientes de falta de valía que contradicen lo que conscientemente nos decimos que deseamos. Por ejemplo, conscientemente nos decimos que queremos amor, o salud, o riqueza; pero cada vez

Viviendo la Magia

que estos deseos están a punto de hacerse realidad, nosotros mismos haremos algo que destruye la oportunidad y mas tarde nos lamentamos y quejamos acerca de nuestra mala suerte.

¿Cuándo es cuando normalmente oramos (pedirle al Espíritu) para obtener algo que deseamos? Cuando nos estamos sintiendo fatal ¿verdad? – en el peor momento astrológico. Esto garantiza que nuestras oraciones no se realicen. Pedirle cosas al Espíritu en un mal momento astrológico es una estratagema subconsciente para mantener nuestras agendas de falta de valía intactas.

Hay dos formas de superar estas agendas subconscientes que retrasan realizar nuestros deseos:

Someternos a largos años de psicoterapia u otro trabajo interior para llegar a la raíz de nuestros patrones neuróticos de fracasados que nos hacen buscar auto lástima en vez de éxito; éstos invariablemente nacen durante nuestra niñez a causa de malas experiencias o traumas, generalmente causados por nuestros padres, o:

Usar la astrología para saltarse los complejos, para cortar los sentimientos escondidos de falta de valía que nos hacen buscar la auto lástima en vez del éxito, y solo sencillamente seguir con nuestras vidas. No hay nada que le haga sentir más exitoso que el éxito: podemos pasar años analizando y agonizando el porqué nadie nos quiere o siempre estamos a un paso de la pobreza, o solo salir e ir a encontrar a alguien que nos ame o hacer un montón de dinero. El resultado final será el mismo, y la llave que nos permita lograrlo se llama astrología.

Cuando uno pide un deseo o hace una oración, es mejor amarrarlo a una corriente poderosa de energía universal. La diferencia es tanta como hablar normalmente o hacerlo usando un megáfono: al atarlo a una ola de energía ambiental lo estamos magnificando su poder (incrementando los chances de que se realice). Esta es la base de los sacrificios de animales o humanos: cuando el Espíritu baja a recoger el alma del sacrificado, el brujo ata sus propios deseos a ello y se elevan juntos. Sin embargo, existen métodos menos drásticos para obtener el mismo resultado, y estos son: rezarles en fenómenos efímeros, rezar en lugares propicios, y rezar a las horas propicias.

Los fenómenos efímeros, tales como estrellas fugaces, arco irises, ráfagas de viento, remolinitos de polvo repentinos, son los mejores agentes para llevar nuestras oraciones y deseos afuera del universo porque ellos se levantan a la vida por unos momentos y luego se disuelven de regreso en la energía indiferenciada, llevándose nuestras oraciones. También es posible atar una oración a una candela encendida, tal como se hace en muchas iglesias, o a las banderas o barriletes como hacen en Oriente; pero los fenómenos efímeros que nos encontramos por casualidad son los mensajeros más poderosos; por lo tanto, debemos estar alertas para agarrar estas oportunidades improvisadas cuando ocurran.

Orar en lugares propicios significa usar puntos de poder tales como cimas de cerros, lagunas, cataratas y cualquier lugar donde vivan los espíritus de la naturaleza; y santuarios (incluso las iglesias – especialmente las muy viejas, especialmente las iglesias muy viejas erigidas sobre puntos de poder utilizados previamente para adoración pagana). También hay ciertos árboles que propician el enviar oraciones; para encontrar uno de estos arboles hay que ir al bosque, preferiblemente durante una hora lunar planetaria y caminar en la dirección que su intuición le dicte hasta llegar a un árbol que se siente "correcto". Haga su petición en ese punto.

Orar en el tiempo propicio es toda una ciencia en si misma, se conoce como astrología de elección. Básicamente hay tres pasos para escoger un tiempo propicio para mandar una oración (o cualquier otro asunto): encontrar un día propicio, encontrar una hora propicia, y encontrar un momento propicio. De ellos, encontrar una hora propicia es, por mucho, el más importante, así que si tiene poco tiempo y necesita mandar su oración de prisa o si no posee conocimientos astrológicos, puede saltarse los pasos 1 y 3 y hacerlo en la hora propicia. Hay horas propicias para todas las actividades varias veces cada día.

El método más importante que estamos usando aquí es conocido como Las Horas Planetarias, que es la técnica históricamente utilizada en operaciones magicas tales como cargar talismanes, y que también es la técnica recomendada por los guardianes espirituales del conocimiento astrológico para toda clase de elecciones. Se basa en el sistema antiguo caldeo de astrología que supuestamente antecede a los signos del zodiaco.

La razón por la cual la astrología (y la magia en sí) ya no "funciona" tan bien hoy en día como lo hacía en el pasado es porque ya es periférico a los asuntos centrales cotidianos de nuestra sociedad; hay muy poca energía que está siendo enfocada en esa dirección. Las sociedades guerreras tienden a ser exitosas en la guerra; sociedades comerciantes (como la nuestra) tienden a ser exitosas en el comercio; sociedades espirituales tienden a ser exitosas en sus esfuerzos; y las sociedades mágicas tienden a hacer que la magia funcione bastante bien. Lo que sea que una sociedad (o un individuo) pone su fe, es en ello lo tiende a manifestarse. La mayoría de nosotros tiene entornos racionalista/materialista o religionista/materialista, y por eso tenemos poca fe nativa en la magia o la astrología: la fe, como el conocimiento, tiende a ser pasado de generación a generación y nuestra generación Nueva Era es la primera de los nuevos magos. Es necesario que nos afanemos mucho con fe ciega en la magia para que, finalmente, podamos ver resultados positivos, que es lo que cementará la verdadera fe. Sin embargo, podemos tomar un atajo de fe al sintonizarnos con las longitudes de onda existentes del conocimiento: al hacer uso de las Horas Planetarias estamos forjando un eslabón con los antiguos magos astrólogos y con los espíritus que los guiaron.

Veamos el procedimiento paso-por-paso:

1. ESCOGER UN DIA PROPICIO: Primero identifique la razón por la que está orando con el planeta apropiado (vea la tabla de Gobernaciones Planetarias). Por ejemplo, si lo que desea es dinero, debe buscar al planeta Júpiter. En una efemérides astrológica (casi todas las revistas astrológicas mensuales incluyen una efemérides actualizada) busque un día en que haya un buen tránsito a Júpiter bien aspectado y anote el momento en que el aspecto es exacto. No

olvide que debe convertir el tiempo dado en la efemérides al tiempo de su localidad, tomando en cuenta el horario de ahorro de luz (si es que está en efecto). Lo óptimo será que el segundo planeta aspectado también sea relevante a lo que está pidiendo: si lo que busca es un ingreso fijo que le de más seguridad, encuentre un buen aspecto entre Júpiter y Saturno (permanencia); si lo que desea es dinero para poder obtener algunos lujos y/o diversiones, entonces trate de encontrar un buen aspecto entre Júpiter y Venus; si quiere dinero para poder continuar con su vida, busque entre Júpiter y el Sol. Casi siempre – a no ser que esté preparado para esperar algunos meses – usted se tendrá que adecuar a lo que esté circunscrito para esos días, así que si le urge, siempre puede usar los aspectos con la Luna, que forma todos los aspectos posibles con todos los planetas cada mes. Solo deben utilizarse los aspectos favorables (conjunciones, sextiles y trinos); ignore los aspectos desfavorables o los aspectos menores, y los paralelos de declinación.

2. BUSCAR UNA HORA PROPICIA: Vea mi libro *Planetary Hours* que tiene tablas para latitudes desde 58 Norte a 58 Sur. (www.wessexastrologer.com/product/waph001/) Una vez haya encontrado un día propicio, escanee las tablas de Horas Propicias y localice una hora regida por el planeta escogido (en nuestro ejemplo es Júpiter), Si no está interesado en los tránsitos, entonces ponga su atención en alguna hora jupiteriana que sea conveniente para usted. De lo contrario, si el aspecto transitorio no involucra a la luna entonces puede utilizar cualquiera de las horas jupiterianas que queden entre las 24 horas previas al tiempo exacto. Si hay un aspecto transitorio que involucre a la luna, entonces debe utilizar la hora jupiteriana que caiga antes de ese tránsito. Si el tránsito se hiciese exacto durante una hora jupiteriana entonces use el lapso de tiempo existente entre el principio de la hora de Júpiter y el momento exacto del tránsito.

3. ESCOGIENDO EL MOMENTO PROPICIO: Puede solo hacerlo con aspecto transitorio y una hora planetaria, pero si le gusta hacer cálculos aún puede afinar más la técnica utilizando una tabla de casas para ver si algún

planeta natal o transitorio (preferiblemente el que rige lo que sea por lo que usted esta pidiendo) cruza alguno de los 4 ángulos durante la hora planetaria en cuestión. Sin embargo, esto no es tan importante; así que si no sabe cómo hacer esos cálculos no se atormente.

Ahora que ya encontró el momento propicio para mandar su petición, debe considerar la forma que va a llevar la petición. De antemano es aconsejable que ya haya escrito exactamente lo que desea para que no olvide nada cuando llegue ese momento. Sin embargo, es mejor no ser demasiado específico en lo que pide, tal como ganarse la lotería, o que tal o cual persona se enamore de usted; sería mejor pedir riqueza o amor de una persona inespecífica. Deje que el Espíritu se encargue de los detalles – él sabe lo que está haciendo.

Si usted ya tiene una forma acostumbrada de rezar, entonces sígala. Si no, puede adaptar la siguiente formula a su conveniencia: "Espíritu – por favor mándame (lo que sea que esté pidiendo), y por favor mándamelo bien rápido. ¡Gracias!" Es importante que especifique "bien rápido", por si hay alguna agenda contradictoria subconsciente escondida porque podría utilizar esta omisión para derrotar a la plegaria. También es importante decir "Gracias" al terminar como un recordatorio de que el Espíritu no le debe nada a nadie. Después de todo, el Espíritu le ha dado a usted su vida; y más allá de eso, todo es ganancia.

Cuando se acerque el momento propicio, prepare un pequeño altar con algo que simbolice al Espíritu (podría ser un dibujo de Jesucristo si es cristiano, o de un ojo, o lo que sea que simbolice al Espíritu). Ponga un poco de incienso dulce sobre el altar y una candela del color que simbolice lo que esta pidiendo (verde por dinero, rosada por amor, blanca por salud o iluminación espiritual, etc.). También ponga sobre el altar objetos que simbolicen lo que pide, dinero si quiere riquezas, fotos de amantes si quiere amor, fotos de personas radiantes de salud si quiere salud, etc.

Encienda el incienso justo antes del momento escogido y luego, en el momento preciso, encienda la candela, Diga la plegaria que ha memorizado, pero si la tiene escrita, debe decirla con sentimiento – con verdadero deseo que lo que pide se materialice. Vea con el ojo de la mente como su plegaria se va volviendo realidad según la expresa, y sienta toda la felicidad que sentirá cuando la plegaria sea realidad. No se preocupe de si lo esta haciendo correctamente o no; si lo esta practicando con verdadera fe y con verdadero deseo, lo está haciendo correctamente.

Si hacer todo ese ritual no le hace sentir confortable, no lo haga; el ritual es únicamente para usted, para hacerle comprender con la ceremonia la importancia del momento – no es para impresionar al Espíritu. La única cosa importante es rezar con verdadero sentimiento a la hora precisa.

Cuando termine su plegaria abandone el área pero deje encendido el incienso y la candela hasta que se consuman

Después que eso pase puede desmantelar el altar y enterrar los restos del incienso y de la candela. Una vez que la plegaria ha sido lanzada ya no hay necesidad de repetirla, a no ser que sienta que su resolución se está debilitando y quiera reforzarla.

Algunas veces las plegarias lanzadas astrológicamente se conceden tan rápido que sus resultados son sorprendentes. Otras veces, cuando hay contradicciones subconscientes muy arraigadas, le llevará más tiempo realizarse; sin embargo, usted debería sentir que la plegaria está funcionando inmediatamente – pues sentirá que sus obstrucciones interiores se están disolviendo y que su actitud interior está cambiando. Puede estar seguro que una plegaria lanzada con buena fe siempre funcionara; así que no gaste tiempo rezando por cosas frívolas, pues luego quedara amarrado a ellas. Asegúrese totalmente de que lo que está pidiendo es algo que verdaderamente quiere. ¡Buena suerte!

TABLA DE GOBERNANTES PLANETARIOS

Tome nota que las horas planetarias pueden ser utilizadas para principiar todo tipo de actividades y no solo para lanzar plegarias; por lo tanto el uso general de cada planeta aparece en la siguiente lista:

Horas del Sol ☉: Éxito general y reconocimiento, iluminación espiritual; firmeza; vitalidad; actividades que requieren valentía y seguridad de sí mismo – tomar una decisión sumamente importante, programar una sesión donde hay que tomar decisiones, dar un discurso, lanzar nuevos proyectos; pedir favores del padre, esposo, jefe, o autoridades.

Horas de Venus ♀: Amor; amistad; éxitos artísticos o sociales; actividades sociales y estéticas tales como dar una fiesta, un recital / exhibiciones artísticas, casamientos, visitas, citas de amor, buscar romance; sembrar plantas ornamentales; comprar regalos, ropa, lujos; tratamientos de belleza; buscar favores de mujeres.

Horas de Mercurio ☿: Éxitos en los estudios / comunicaciones; niños; dar una buena impresión; actividades rutinarias y actividades que necesitan de una comunicación clara; enseñar / aprender; cartas de negocios importantes / llamadas telefónicas; sesiones para desarrollar o comunicar ideas; comprar / vender; firmar contratos; compras rutinarias, hacer mandados, viajes; aplicar a un trabajo o la entrevista de trabajo; pedirle favores a los vecinos o compañeros de trabajo.

Horas de la Luna ☽: Salud; hogar (comprar una casa o cambiarse de casa); hacer un viaje; vacacionar (momento de dejar el hogar o de volar); actividades en un tiempo o espacio remoto – meditación, hacer reservaciones, encontrar objetos o personas perdidas; siembra de comestibles; emplear trabajadores; pedir favores a la madre, esposa o trabajadores.

Horas de Saturno ♄: Disciplina y paciencia; dejar ir malos hábitos; sobreponerse a los obstáculos; éxitos en tareas difíciles o con personas difíciles; proyectos de larga duración – remover la tierra, hacer fundiciones; sembrar plantas perennes; tratar enfermedades crónicas; hacer reparaciones, pedir favores a personas mayores (que no son parientes) o a personas difíciles.

Horas de Júpiter ♃: Sabiduría; optimismo; dinero (pedir, prestar, invertir, ganar, ingresos); actividades que necesitan entusiasmo; comprar tickets de lotería; pedir consejos / consultar; solucionar desacuerdos; pedir favores de los abuelos, tíos y tías, consejeros (doctores, abogados, contables, astrólogos).

Horas de Marte: ♂ Valentía, aventura, forzar tu voluntad; éxitos en acciones drásticas (juicios, conflictos, ir a la guerra, cirugía); deportes; ejercicios; tomar riesgos; hacer una reclamación, despedir empleados, pedir favores al esposo o al novio.

¿Cual Es la Diferencia Entre Tener Fe y Engañarse a Sí Mismo?

Una vez sostuve una conversación con una señora que estaba absolutamente convencida de que un día Jesús le iba a traer un "tonelada de dinero". Hace poco tuve ocasión de preguntarle a mis espíritus sobre este punto, en conexión con algunos problemas de dinero que yo tenía.

Yo: ¿Cuál es la diferencia entre tener fe y engañarse a sí mismo?

E: Es lo mismo que la diferencia entre indiferencia y apatía. La apatía es una forma mental de la indiferencia. Con la apatía, usted destripa sus verdaderos sentimientos; con indiferencia, usted se relaja dentro de sus verdaderos sentimientos. Usted solo se *relaja*. Esa es la diferencia entre formas mentales y verdaderos sentimientos – entre verdadera fe y engañarse a sí mismo.

La fe significa soltar sus propios planes y designios, su demanda de que el Espíritu le traiga lo que usted desea como usted determina y bajo sus propios términos. Tener fe significa vaciarse a sí mismo de su propio ego y confiar en el Espíritu, aún cuando esto signifique vivir sin un centavo.

Yo: Pero usted podría engañarse a sí mismo con eso también.

E: Así es, pero en ese caso usted no se sentiría en paz consigo mismo. Engañarse a sí mismo no le da un sentimiento de alivio o de paz – de soltar sus penas, el sentimiento de urgencia de que sus problemas sean resueltos inmediatamente. El verdadero alivio solo le llega cuando deja de aferrarse a ese alivio. Eso de aferrarse a tener un alivio es lo que mantiene alejado al alivio. Sólo cuando usted deja de buscar una salida, de una ventanilla de emergencia, cuando usted verdaderamente llega al final de su cuerda y la ha soltado y cae al abismo; puede sentir el verdadero alivio – y puede ser verdaderamente aliviado. El crecimiento espiritual es básicamente solo un asunto de agotamiento.

¿Cuál es la diferencia entre fe y engañarse a sí mismo? Sólo la manera que ambas se sienten. La fe es *relajada*, no está empujando para llegar a ningún lugar, no está ansiosamente buscando una salida. Engañarse a sí mismo es la creencia de que hay una salida – de que si de alguna manera encontrara el botón correcto para apachar, Dios mandaría un milagro y lo salvaría. Así que usted va corriendo sin dirección y apachando cuanto botón encuentra a su paso, y buscando mas y mas botones para seguir apachando, hasta que usted se queda sin mas botones para apachar o se queda sin mas energía para seguir corriendo.

Cuando llega a ese punto, se da cuenta que no hay una salida. El Espíritu no va a hacer nada por salvarlo. Es entonces cuando la verdadera fe se vuelve factible. La verdadera fe es pacífica, resignada y *relajada*. La verdadera fe no es petulante ("Dios me va a hacer el mandado en esta y esta manera"). Esa es la razón por la que esa mujer se esta engañando a sí misma en su deseo de que Jesús le iba a traer un gran montón de dinero.

Yo: Quizás se lo trajo.

E: Quizás lo hizo. Si es una mujer "suertuda", quizás hasta logró que su deseo fuera contestado y se ganó la lotería o algo por el estilo. Pero aún si obtuvo lo que deseaba, probablemente solo empeoró sus verdaderos problemas.

La verdadera fe significa no tratar de dictarle al Espíritu: "Yo quiero esto y aquello y aquel otro…", como si usted estuviera sentado en las rodillas de Santa Claus pidiéndole juguetes. Es dejar que el Espíritu le traiga lo que es mejor para usted – lo que sus verdaderos sentimientos quieren, no lo que sus formas mentales quieren. Como esa mujer – ¿Qué va a hacer con esa fortuna? ¿Por qué no estar contenta con una entrada modesta? Lo que estaba tratando de hacer era dictarle al Espíritu.

El punto es que la verdadera fe no depende de que se cumpla una expectativa en particular. Creer que la imágenes de sus formas mentales – su escape milagroso de sus circunstancias actuales a un mundo de fantasía ideal – se hará realidad, no es fe. Es engañarse a sí mismo. Esto es lo que mucha gente pasa haciendo toda su vida. Mucha gente vive por el sueño de que algún día el objeto de sus más caras fantasías les caerá desde el cielo entre sus manos y sin ningún esfuerzo de su parte.

La verdadera fe, como contraste, es que todo se está desarrollando tal como debe hacerlo; así que tenga paciencia. La verdadera fe es la convicción de que las cosas sucederán tal como su corazón más profundo necesita que sucedan; así que deje de nadar contra la corriente. La verdadera fe es saber que de todas formas usted no puede controlar todo, así que lo mejor es que deje de preocuparse y relájese. La muerte resolverá todos sus problemas suficientemente rápido.

La verdadera fe, la verdadera confianza en el Espíritu, es pasarle la carga de nuestra pena por el dinero al Espíritu ... solo soltar toda nuestra preocupación (importancia). La fe no es tanto que cese el deseo, como que cese la importancia. Cuando se erradica a la importancia, la fe se apresura a llenar ese vacío.

El Fuego Habla

En otro parte hablé sobre la importancia de observar la llama de la vela cuando uno está lanzando un conjuro o un ruego, para determinar como el conjuro o el ruego funcionarán. Aprendí algo sobre cómo hacer esto con mi maestro don Abel Yat Saquib.

Las ceremonias mayas quichés, que guiaba don Abel, se llevaban a cabo al amanecer alrededor de un fuego, esto después de haber pasado la noche en vigilia donde alternaban los rezos con la comida y socializar. El sacerdote salmodiaba rezos y letanías para invocar a los ancestros y a las deidades mayas sin detenerse mientras principiaba a poner decorativamente y formando un círculo: candelas de diferentes colores, copal pom, incienso, y hierbas. Luego se encendía el fuego mientras se reza por el cliente (la persona que ha pedido la ceremonia). Al fuego se le sigue alimentando periódicamente con ron por parte del sacerdote y de candelas e incienso por los participantes, quienes las tiran dentro de la hoguera como ofrendas a las deidades mayas (o por la petición de algo).

El fuego de una ceremonia maya quiché es considerado como una manifestación viva del Ahau (Dios), y cuando se le hacen ofrendas al fuego durante la ceremonia, las llamas son vigiladas cuidadosamente por el sacerdote y los participantes para buscar señales y mensajes del Ahau. El propósito de las ceremonias mayas es el de agradar, propiciar y agradecer al Ahau; es para crear un balance entre la Tierra y el cielo; y también, para abrir un canal psíquico – como una línea telefónica o un canal de internet – con Ahau, para así obtener una guía específica, información, y sanación para los participantes. Casi toda esta información es leída del comportamiento del fuego.

El sacerdote maya observa el fuego con sumo interés a través de toda la ceremonia. Por ejemplo, al principio, cuando se le prende fuego a la torre de candelas del centro de la fogata son encendidas y se queman, y el cigarro que está en el centro se cae, la dirección en que cae es tomada como una señal: si cae hacia el este (el amanecer), esto es bueno, el propósito por el cual se está haciendo la ceremonia será alcanzado: pero si cae hacia el oeste (la noche), entonces el augurio no es tan bueno. La dirección que toman las llamas y el humo en respuesta a una petición de sanación, son muy significativas, tal como son erupciones repentinas o chispas. También si el fuego se revuelve en un vórtex en contra de las manecillas del reloj se considera un buen presagio, pero si lo hace con las manecillas del reloj, es un mal presagio. Si el fuego se divide en dos, entonces es un presagio que los participantes se van a dividir en facciones y disputas. Una y otra vez, durante el transcurso de la ceremonia, el sacerdote bailará alrededor del fuego y lo alimentará con licor, o va a revolver las brasas para levantar las llamas mientras observa cuidadosamente cómo se mueven para saber si el Ahau está contento.

El presagio es leído para el participante que en ese momento está dando vueltas alrededor del fuego; o recibiendo una sanación; o hacia el cual se están inclinando las llamas. La interpretación depende de la dirección que tomen las llamas durante esa porción de la ceremonia. Explosiones de llamas o de chispas, o remolinos de llamas son interpretados como presagios notables e interpretados dependiendo a como están actuando y en qué dirección están moviéndose.

La interpretación del presagio también depende de cual de los 20 naguales del Chol Qij es el que está vigente en esa porción (tal como está explicado en el artículo sobre Ceremonias Mayas, puesto en mi libro *Topics in Astrology*, http://www.amzn.com/1519765878); y de si las llamas apuntan en la dirección del nagual o se alejan de él. Cada una de las cuatro direcciones cardinales rige a cinco de los naguales. Así que, si las llamas tienden a apuntar hacia el sur durante la porción de la ceremonia presidida por el nagual Ajmak (que está regido por el sur), entonces es una buena señal, si apuntan hacia el norte entonces es lo opuesto.

En términos de interpretar los augurios según la dirección en que se mueven las llamas, el este representa al mundo superior (la voluntad del Ahau); el oeste el mundo inferior (Xibalbá): las consecuencias del karma, ya sea de esta vida o a causa de los ancestros, puesto que mucho de lo que nosotros llamamos "karma", los mayas lo califican como problemas no resueltos a causa de los ancestros; el norte representa al pasado; y el sur al futuro. Llamas verticales y rectas significan el presente, supervisado por Los Corazones del Cielo y de la Tierra. El movimiento de las llamas del este hacia el oeste se considera un augurio de la vida espiritual (ya sea una bendición un una necesidad de propiciar al Ahau); mientras que su movimiento del norte hacia el sur se relaciona con la vida material (humana).

Las Cuatro Esquinas o direcciones de la Tierra son una apoteosis de los primeros cuatro humanos (cuyos nombres son Balam Kiché en el este, Balam Acab en el oeste; Iq´Balam en el norte; y Majukutaj en el sur). Las cuatro direcciones también simbolizan el cuerpo humano. Es al observar la dirección en que las llamas tiende a irse al hacer una sanación a alguno de los participantes que el sacerdote puede saber en cual parte del cuerpo se necesita la sanación, y cómo llevarla a cabo: el este rige la cabeza; oeste rige las piernas; el norte rige el lado derecho y el brazo derecho (energía positiva y fortalecimiento); y el sur rige el lado izquierdo y el brazo izquierdo (energía negativa y debilitante). El este se refiere a debilidades constitucionales del cuerpo, tales como dolor de cabeza, dolor de oídos: también problemas nerviosos, circulatorios o de espalda. El oeste se relaciona con problemas de salud que involucran a los ojos, el estómago y digestión, órganos internos y la columna. El norte indica debilidad respiratoria, digestión o huesos. El sur enseña debilidad en el hígado, riñones, estómago, huesos, piel, y pies.

Igualmente, como se comporta el fuego en respuesta a las peticiones (digamos por salud o por prosperidad económica) que se hacen durante el transcurso de la ceremonia es una señal de si el deseo, o cómo el deseo, será otorgado. Algunas veces, durante el transcurso de la ceremonia, el sacerdote le pedirá a ciertos individuos, o a ciertos grupos (por ejemplo: sólo las mujeres, o sólo los hombres, o solo los niños) que den tres vueltas alrededor del fuego; y él observa

Viviendo la Magia 131

cuidadosamente las llamas cuando lo está haciendo para recibir retroalimentación sobre su estado mental, de salud y emocional.

A menudo las sanaciones se hacen durante la porción de la ceremonia que rige el nagual Kemé. Se le pide a las personas que desean ser sanadas que se acerquen y se paren con los brazos extendidos y los ojos cerrados mientras el sacerdote les escupe/rocía nubes de ron sobre sus cuerpos; luego, cuando hacen su viaje de tres vueltas alrededor del fuego, el sacerdote lee un diagnóstico y tratamiento adecuado. De la misma forma, las peticiones por prosperidad se realizan durante la porción que rige el nagual Tzikín. Los clientes sacuden sus carteras o bolsos sobre el fuego y oran al nagual Tzikín para que las llene. Después de terminar con el trece Tzikín a los participantes se les entregan puñados de semillas de ajonjolí (sésamo), que es el alimento preferido de Tzikín para que arrojen a las llamas mientras que desean prosperidad. Si en ese momento el fuego brinca se considera una buena señal para su prosperidad. Las llamas que se dirigen hacia el este o norte son beneficiosas, pero las que van hacia el oeste o el sur no son tan buenas. Si los participantes llegaran a arrojar tanto ajonjolí dentro del fuego que éste se apagara (lo cual vi en una ocasión), el sacerdote, horrorizado, regañará a los participants y les explicará que el nagual Tzikín está tan disgustado por su avaricia que les dará una desgracia financiera.

La porción de la ceremonia regida por el nagual Ajmak es para expiar los pecados. Los participantes se hincan alrededor del fuego y humildemente ruegan que se les perdonen sus trasgresiones; y el sacerdote, al observar el comportamiento de las llamas hacia cada participante, puede decir quien no está diciendo todos sus pecados, o quien tiene karma malo a causa de sus ancestros que debe expiar en esta encarnación (lo cual puede ser mejorado haciendo las ceremonias correctas al nagual correcto). Para hacerlo corto, es al observar las llamas que el sacerdote sabe cómo le irá a ese cliente en el departamento de su vida que ese nagual – de los veinte que son – rige; por ejemplo, si es a causa de sus ancestros.

Mantengan en mente que la información que el sacerdote está canalizando es muy acertada (no vagas generalidades). Si el participante, antes del principio de la ceremonia le ha pedido al sacerdote que adivine cierta información específica, entonces, en algún momento de la ceremonia al sacerdote le llegará la contestación específica. Hay otras predicciones que pareciera que el sacerdote saca de la nada. Una vez durante una ceremonia, don Abel se volteó hacia mí y me dijo que pronto sería involucrado en una disputa muy fea sobre tierras. Y cabal, dos semanas más tarde principió una disputa sobre tierras que se alargó durante mas de once años y me costó mucho dinero y molestias.

En otra ocasión me dijo que yo (que hasta ese momento había sido muy sano) muy pronto iba a sufrir un problema de salud muy serio (y yo sentí que serían mis piernas); y un par de meses después principié a sufrir artrosis de la articulación de la cadera (una enfermedad degenerativa del hueso). En la ceremonia que se realizó en Año Nuevo del 2009 don Abel le dijo a la media docena de personas que nos habíamos reunido que uno de los presentes fallecería ese año; y don Abel falleció en julio de ese año (en retrospectiva, creo que él sabía que se trataba de sí mismo pues estaba bastante sombrío y eso no era característico de él). El meollo del asunto es que las ceremonias mayas son bastante de un propósito bastante utilitario – no son servicios de iglesia estériles con la gente murmurando fórmulas vacías – sino conexiones con el mundo espiritual en las que se recibe guía e información práctica.

Aunque existe todo el simbolismo de las cuatro direcciones cardinales y los veinte naguales del Chol Qij, ellos solo sirven de estructura intelectual para ayudar al sacerdote a "leer" los augurios del fuego. "Leer" lo que el fuego está diciendo es algo similar a "ver" lo que las plantas están sintiendo, como expliqué en el capítulo correspondiente. De lo que estoy hablando aquí se conoce como "operando con formas mentales sensoriales" (usando los sentidos para sentir el mundo) en vez de operar con formas mentales conceptuales (pensar). El movimiento de las llamas – la parte de forma mental – es sugestiva; pero la información que se desvela es más un sentimiento que una deducción lógica.

Cuando uno enciende la candela para realizar una oración o un encantamiento, si es difícil pararla o encenderla, entonces será difícil que su deseo se realice (encontrará obstáculos, requerirá mucho esfuerzo o se retrasará). Si la llama es vacilante o echa mucho humo, no será un augurio bueno. Si la llama es recta y sin movimiento, su deseo se cumplirá. Si la llama se achica o la candela se apaga, su deseo no se cumplirá o va a tener muchos sinsabores para realizarlo. Si la cera de la candela gotea ensuciándola puede significar preocupaciones, o las demandas de otras personas que lo impide.

Las llamas tienen auras al igual que las personas, y si usted puede ver auras también puede leer mucho en ellas (como también de la dirección en que se inclina). Si la candela es encendida para otro persona para pedir algo para esta persona, entonces su aura puede ser leída como si fuera el aura de la persona (para informarse de su estado de salud o emocional).

Si hay puntos negros en la llama o en su aura, entonces habrá problemas (o enemigos). Si se desea salud, entonces la parte de la llama (izquierda, derecha, centro, arriba, abajo) en que aparecen los puntos indica problemas en esa área del cuerpo. Si el deseo es por dinero, entonces una llama grande y con un punto negro en su interior significa que el deseo se otorgará, pero el dinero pronto se perderá o no traerá satisfacción. Dos o más puntos oscuros significan dos o más (dificultades, personas involucradas, etc.).

Si lo que se está pidiendo es dinero para algo específico (que siempre será mejor que pedir dinero por puro gusto de tener más), meta un mano dentro de la llama rápidamente con un movimiento como si estuviera extrayendo fajos de dinero de ella, de 10, 20, 100 dólares o cualquier otra denominación, repita con la otra mano y continúe extrayendo dinero X cantidades de veces hasta que sienta como si la mano está siendo bloqueada y se pone pesada, entonces deténgase porque esa es la cantidad de dinero que va a obtener.

Si algunos o todos los objetos sobre su altar agarran fuego esto es un augurio muy potente y es a usted al que le tocará descifrarlo. En una ocasión, la foto de mis hijos, que estaba sobre el altar, agarró fuego. No fue sino hasta pasados algunos años que mis maestros me explicaron por qué sucedió: porque yo debería haber cambiado esa fotos de mis niñitos donde tenían la edad en que se me quitaron por una de ellos, ya adultos, donde se mostraran con su edad actual.

Como un ejemplo, les diré como interpreté las llamas de algunas de las candelas que encendí en un templo maya cuando fue mi último cumpleaños maya. Aquí les digo las preguntas y las respuestas del fuego:

¿Debería realizar una cirugía de cadera ya planificada (un reemplazo de cadera) aun cuando todos los augurios astrológicos eran desfavorables? (un Saturno progresado contrario en oposición a mi Luna natal). No tuve dificultad alguna para encender la candela, pero justo antes de principiar a hacerlo se me había caído. La llama era titubeante, pero pronto se tornó muy brillante, pero siguió temblando. Yo interpreté que iban a haber complicaciones (tal como indicaba la astrología) y quizás una recuperación muy lenta (tembladera); pero que no me preocupara – todo indica "continuar". La cirugía se llevó a cabo y tuvo éxito, pero involucró una recuperación muy larga y algo dolorosa; y me dejo algo cojo.

2) ¿Ganaré el litigio sobre tierras en el que me veo envuelto como demandante? Una llama potente volaba hacia el sur (el templo Maya en el que me hallaba, Chiajxucub, tiene cuatro grupos de cinco naguales del Chol Qij pintados en cada una de sus cuatro paredes. El nagual Tzi, que es el regente de los juicios, está pintado en el grupo de cinco de la pared del sur). Tomé esto como un augurio muy favorable. Mientras oraba, pedí que los defensores me compensaran por todo el tiempo, energía y dinero que había gastado en este litigio; y cuando terminé de rezar un fuerte viento que había estado empujando la llama hacia la pared del sur se transformó en una

Viviendo la Magia   135

gentil brisa; lo que interpreté como una señal de que todo iba a terminar bien y no me preocupara. Gané el litigio 2 años más tarde.

3) ¿Lograré vender mi tierra pronto y a un buen precio? Fue muy fácil colocar la candela y la llama brillaba gigantiesca, otra vez se inclinaba hacia el sur (donde también aparece mi nagual de nacimiento, Ajmak, cuyo día era este). Tomé esto como un *si* definitivo. Sin embargo, al final de cuentas decidi no vender el terreno.

4) ¿Se reunirán pronto mi mejor amigo y su esposa? (Por razones de trabajo, ellos viven en diferentes países y, cuando estaban a punto de reunirse, ella sufrió una apoplejía y debió quedarse donde estaba mientras se resolvían los problemas médicos y financieros). La ya alta llama creció al doble de su tamaño – echando fuego no solo de arriba sino de un lado – uniéndose en una sola llama, luego la llama inferior se desparramó por el lado de la candela, y al rato la superior también por el lado y se unieron abajo y volvieron a ser una sola llama grande. Fue difícil interpretarlo – obviamente va a haber obstáculos en el camino, se reunirán por un tiempo para luego volver a separarse; al final ellos estarán juntos y unidos. (Se reunieron 5 meses más tarde).

5) Una amiga pregunta: ¿Quedaré encinta pronto? La llama se meció débilmente con un fuerte viento hacia el sur y por bastante tiempo peligraba con apagarse, hasta que finalmente principió a quemarse normalmente y sin sufrir cambios. Yo lo interpreté como que aún falta tiempo para que suceda, o tendrá dificultades en embarazarse (hay algunos temas kármicos que deberá resolver primero); pero después de un tiempo las cosas se normalizarán. (Han pasado cuatro años y ella optó por adoptar).

6) Hice mi visualización creativa usual sobre éxito espiritual y felicidad en mi vida; y la llama se quemó muy bajita, casi tímida. Recibí un mensaje: "Por una vez, prueba con un poco de humildad." Pregunté: "¿Humildad acerca de qué?" y la contestación fue: "¡Acerca de *todo*!" (debo señalar que mi nagual, Ajmak, significa pecado y perdonar; y que, en

este cumpleaños maya en particular, se me había indicado que debía pedir mucho por perdonar.

Estos son solo unos ejemplos de cómo interpreté las llamas en una ocasión. Recuerden que esto se debe que realizar por lo que se siente, no por lo que se piensa: no es tan importante el movimiento de la llama sino lo que uno siente que está comunicando. Es algo así como la unión psíquica que tiene mientras está teniendo sexo con alguien – las cosas se comprenden directamente.

Va a ser más difícil interpretar los mensajes si de antemano ya tiene muchas expectativas sobre el asunto por el que está orando o haciendo el augurio, pues el resultado es tan super importante para usted, la tendencia es en tener ilusiones vanas ya instaladas – leer la llama como usted quiere que se lea – en vez de sentir directamente lo que le está diciendo. Al contrario, debe soltar sus propias expectativas y estar abierto a lo que acontezca. Eso es todo, no es difícil.

El Propósito Del Sufrimiento

El sufrimiento es soportable cuando el que lo sufre encuentra algún tipo de propósito para ello. Los padres rutinariamente deben hacer grandes sacrificios en aras de sus hijos. La gente va a la guerra – aún a una muerte casi segura – voluntariamente, cuando comprende que al hacerlo está asegurando un propósito más alto – algo más importante que su propio dolor. Si usted supiera que su sufrimiento de alguna forma está beneficiando a alguien que ama; o si usted estuviera sufriendo en lugar de otra persona que ama, ¿no encontraría que su dolor es más llevadero y fácil de soportar?

Por lo tanto, el truco para terminar con su sufrimiento es no tratando de escapar de él (lo cual parece nunca funcionar), sino tratando de encontrar algún propósito para ello. Aunque casi toda la gente cree que siente lástima de sí mismo porque está sufriendo, los magos (y los budistas) son de la opinión que es al revés: que es la auto lástima lo que los está haciendo sufrir. Eso significa que si se sobreponen a su auto lástima derrotarán a su sufrimiento. Pero tal como se necesita dinero para hacer dinero, también será necesario perder mucha auto lástima primero para comprender por qué es ventajoso perder la auto lástima. A través de las edades los maestros espirituales han dicho que solo a través del sufrimiento van a aprender a soltar, a dejar de estar esperando y dejar de apenarse por su pequeño ser. El sufrimiento es la única manera de aprender a ser desprendido.

El verdadero cambio solo puede suceder cuando usted por fin se siente tan disgustado consigo mismo por su auto lástima que decide que verdaderamente cambiará. Y la única manera de llegar a tomar esa decisión es por agotamiento: cuando a probado esto, aquello y aquel otro; y nada funciona. Usted debe despertar del sueño de que usted es especial: que milagrosamente Dios va a intervenir para sacarle las castañas del fuego sin ningún esfuerzo de su parte. Los magos están convencidos – y muchos programas de auto ayuda como el de los 12 pasos están de acuerdo – que solo cuando una persona está completamente destrozada y desesperada que un verdadero cambio puede suceder.

Bueno, asumemos que usted ya está completamente derrotado y desesperado, el siguiente paso es reacondicionar su actitud mental: reprogramar el inventario de pensamientos habituales que adopta, momento a momento, su diálogo interior. Muchos de los senderos espirituales conocen y enseñan este principio: sin embargo, ellos no hacen mención de "completamente derrotado y desesperado", el cual es un prerrequisito absolutamente necesario. Ellos le dicen que "Solo piense pensamientos agradables y todo saldrá de maravilla." Sin embargo, es casi cercano a imposible, a no ser que esté absolutamente desesperado, el detener sus pensamientos usuales acerca de que tan completamente triste está. Esto significa no estar soñando despierto o fantaseando acerca de qué lo haría feliz; y también rechazar pensamientos de celos acerca de las personas que si tienen lo que usted cree que lo haría feliz. Diciéndolo de una manera muy simple, significa dejar de pensar acerca de lo mucho que está sufriendo.

¿Cómo diantres se supone que usted puede controlar sus pensamientos cuando todo en su vida está patas arriba? La respuesta del mago a eso es, no puede: es imposible; es imposible hacer esto directamente, debe engañarse a sí mismo. Estas patrañas acerca de "solo piense pensamientos agradables y todo saldrá de maravillas" es cierta, pero no es cierta. No es así de fácil, porque la auto compasión ejerce un tremendo poder sobre sus sentimientos. Cuando usted ha sido acondicionado durante toda su vida para sentir auto compasión (sentirse celoso e inseguro y miserable), es bien difícil comenzar a sentirse feliz y aceptar todo lo que eso significa. Decirle a alguien que está sufriendo mucho dolor que "solo piense pensamientos agradables" es como decirle a alguien que no tiene piernas que solo se levante y camine. Desacondicionar y reacondicionar sus formas mentales requiere una tremenda cantidad de tiempo y de esfuerzo – no es algo que usted "solo haga". Es por eso que los magos dicen que no hay ningún sentido en siquiera considerar someterse a semejante emprendimiento a no ser que esté completamente desesperado; y aún así debe hacerlo auto engañándose.

Uno desacondiciona su forma de pensar mintiéndose descaradamente hasta que lo comience a creer. Por ejemplo, un buen truco para encontrar algún propósito en la pobreza es dejar de compararse con personas que están en mejor condición que la suya y, en vez de eso, hacerlo con las personas que están mucho peor que usted. La próxima vez que sienta auto compasión acerca de su situación financiera, haga lo siguiente: vaya a un pueblo cercano y pasee por un barrio marginal (se da cuenta – eso es lo que le quiero decir: no es difícil de realizar, pero es un acto que solo una persona completamente desesperada haría). Deténgase a hablar con los limosneros y con las personas sin hogar que se crucen por su camino. Dele un poco de dinero – o aun mejor: ofrezca pagarles un almuerzo – para principiar una conversación. Escuche sus historias. No hay antídoto mejor para ver qué tan peor están ellos y para darse cuenta de lo afortunado que es usted y principie a apreciar lo que tiene.

Lo mismo con la salud: no es difícil encontrar personas aun más enfermas y sufriendo mucho más que usted, quienes a lo mejor les encantaría tener un poco de compañía o que les lean por algunas horas cada semana. Hasta es importante hacer esto (compararse con personas que están peor que usted en vez de hacerlo con los que están en mejores condiciones) cuando usted está enfermo; pues la tendencia con la enfermedad es el aislarse mas y mas dentro de sí mismo – enfocarse más en su dolor – que desde luego intensifica el dolor. Preocuparse con otras personas y sus dolores en vez de hacerlo con los suyos: alejarse de cuánto está sufriendo usted a cuánto están sufriendo otros, es un excelente catalizador.

Muy bien, ahora que ya ha principiado a desacondicionar su forma de pensar – a romper su fijación obsesiva sobre lo desdichado que es al permitirse entretener pensamientos contradictorios – debe principiar a reacondicionar su forma de pensar. Una buena forma de principiar es haciéndose la pregunta: "¿Qué estoy aprendiendo con este sufrimiento?" en otras palabras, tratar de formular intelectualmente el propósito de su sufrimiento. Objetivar su sufrimiento intelectualizándolo es una buena manera para comenzar a separarse a sí mismo de él.

Por ejemplo, ¿cuál es el propósito de la pobreza? En muchos casos, la lección que debe aprenderse es apreciar las pequeñas cosas. Las personas ricas nunca conocen esta sensación por lo que ellos deben comprar y Comprar y COMPRAR compulsivamente para llenar (temporalmente) el vacío interior, que solo se puede llenar satisfactoriamente al sentir gratitud y apreciación por lo que ya tienen. Solo la pobreza enseña esta lección. Otra gran lección que enseña la pobreza es tener fe: cómo vivir día a día sabiendo que de alguna manera u otra van a lograrlo. ¿De qué otra forma podría aprender a tener fe – confiar en el poder sustentador del universo – si está cubriendo todos sus frentes con "seguridades"?

¿Y cuál puede ser el propósito de la soledad o el rechazo? Quizás el no depender de otras personas para su felicidad; sino el sacar de su interior un sentimiento de amor propio y de valor propio, en vez de estar rogando recibir una palmadita en la cabeza como su fuera un cachorrito. ¿De qué otra forma podría aprender esto si no fuera por el rechazo o la pérdida? La única forma de aprender a no estar sujetándose a otras personas es el que se le retiren a la fuerza todos los andamios.

Cuando suceden las grandes tragedias, muchas veces el propósito es que reorganice sus prioridades: el hacerle comprender qué es lo verdaderamente importante en su vida. Muchas veces es necesaria una gran pérdida para comprender qué era lo que tenía antes sin que lo valorizara. Las personas que han tenido un escape milagroso de la muerte muchas veces pasan a través de un reordenamiento de sus prioridades. Ellos dicen cosas como: "Ahora solo vivo un día a la vez". Lo que están diciendo es que al confrontar ojo con ojo a su muerte, les ha forzado ha no ser tan serios, dejar de aferrarse a sus pertenencias, dejar de resentir el pasado y preocuparse por el futuro. Se tornan más desinteresados y abnegados. Reorganizar las prioridades significa es hacerse seriamente la

Viviendo la Magia 141

pregunta: "¿Por qué sucedió esto?" en vez de quejarse y lamentarse "¿Por qué me sucedió esto *a mi*"? Cuando se haga objetivamente esa pregunta, solo entonces su sufrimiento principiará a disolverse.

Una de las técnicas que los magos utilizan para obtener este tipo de información – cual es el propósito que su sufrimiento le está manifestando – es el pedir información en un sueño. Supongamos que quiere comprender la lección que su enfermedad le quiere enseñar con esta experiencia. Esta técnica funciona mejor si puede sostener mantener el sentimiento que querer esta información al estar quedándose dormido (no es posible mantener su mente pensándolo al estar quedándose dormido, porque pensarlo es lo que le mantiene despierto. Los magos aprenden a quedarse dormidos con el deseo – no el pensamiento actual – en su consciencia). Usted debería obtener la respuesta deseada ya sea en un sueño, o al nomás despertarse; o hasta en un comentario fugaz que alguien haga durante el día. Puede llevarle mas de una noche suplicándolo antes de obtener la respuesta, así que sea paciente y continúe haciendo su petición todas las noches hasta que le llegue la información.

Otra técnica que usan los magos para comprender el propósito de su sufrimiento es llamada imaginación activa. La técnica la originó Carl Jung y la describo en su totalidad en mi libro *Thought Forms*. La imaginación activa le permite acceder conscientemente a información que normalmente está sellada en los depósitos de su subconsciente. En la formulación original de Jung podría hacerse a través de un número de formas de arte: haciendo música, bailando, pintando, haciendo cerámica. La forma más directa de hacer imaginación activa es utilizando la escritura automática, que puede proveer información más compleja y detallada que la ensoñación o la imaginación activa artística. La escritura automática no es realmente difícil: el canalizar formas mentales (que son parte de su subconsciente) es llevada a cabo de la misma forma que canalizar espíritus (que están afuera de usted). Supongamos que quiere saber acerca de las razones para su enfermedad. Escoja un tiempo en que se encuentra relajado, alerta, calmado, y en que no sufrirá intromisiones. Acuéstese o siéntese, según sea su preferencia, con un lápiz y cuaderno en sus manos (aun cuando la escritura automática también puede hacerse con una máquina de escribir o una computadora). Escriba las preguntas y sus respuestas en forma de un diálogo según ellas vayan llegando a su mente, pídale a su cuerpo que por favor le hable. Por ejemplo, usted podría comenzar de esta forma:

Yo: "Mi cuerpo, ¿podrías, por favor, venir a hablarme? Estoy tratando de ser muy abierto en este momento, y quiero escuchar lo que tengas que decirme. Estoy tratando de comprender por qué estoy enfermo; ¿podrías venir y hablarme al respecto? Etc. etc."

Este es solo un ejemplo – debe pedir a su cuerpo que le hable en sus propias palabras y con sus propios sentimientos. Continúe escribiendo, continúe exhortándole, hasta que principie a sentir una respuesta que se forma en su mente, entonces escríbala. El truco para que esto funcione es no dejar de escribir. Escriba todo lo que su cuerpo le está diciendo acerca de la lección que está tratando de enseñarle. También le puede pedir a su cuerpo información específica acerca de dietas, ejercicios, etc. para que su recuperación sea más rápida.

Similarmente, si lo que quiere saber es la razón para su pobreza o su soledad, llame a su pobreza o su soledad para que se lo explique. La parte de su subconsciente que conoce la respuesta estará feliz de comunicárselo. El punto al que quiero llegar es que la forma de sobrepasar el sufrimiento no es alejarse corriendo de ella, sino encontrando el propósito superior para ella, y la imaginación activa es la forma más fácil para lograrlo.

En el libro que escribió Viktor Frankl describiendo sus experiencias como prisionero en Auschwitz *La Búsqueda del Hombre por el Significado*, él se dió cuenta que atender a sus pacientes – quienes estaban sufriendo aún más que él – era lo que le ayudaba a atravesar su pesadilla. Como Frankl lo escribió: *"Una vez dijo Dostoevski 'Sólo hay una cosa a la que temo: no ser digno de mis sufrimientos'; estas palabras resonaron frecuentemente en mis pensamientos una vez me enteré de esos mártires cuyo comportamiento en el campo, su sufrimiento y sus muertes, quedaron como testigos del hecho que la última libertad interior no puede ser perdida. Puede decirse que ellos fueron dignos de sus sufrimientos; la manera en la que sobrellevaron sus sufrimientos fue un logro interior genuino ... Es esta libertad espiritual – que no puede ser arrebatada – que da significado y propósito a la vida. ... En realidad no importaba lo que nosotros esperábamos de la vida, sino lo que la vida esperaba de nosotros. Necesitábamos dejar de preguntarnos cual es el significado de la vida y, en vez de eso, pensar en nosotros como aquellos a los que la vida les cuestionaba – diariamente y a cada hora. Nuestra respuesta debe consistir, no en hablar y meditar, sino en la acción correcta y conducta correcta. ... Cuando un hombre descubre que su destino es sufrir, él debe aceptar sus sufrimientos como su tarea; su única y singular tarea. Él tendrá que reconocer el hecho de que aún en su sufrimiento él es único y solitario en el universo. Nadie le puede aliviar de su sufrimiento o sufrir en su lugar. Su inigualable oportunidad está en la manera en que lleve su carga."*

Apéndice:
Selecciones adaptadas del libro *Thought Forms* (*Formas Mentales*)

* * * * *

Como Crea Usted Su Propia Realidad

"Ahora vemos de manera borrosa, como en un espejo; pero un dia lo veremos todo tal como es en realidad. Mi conocimiento es ahora imperfecto, pero un dia lo conoceré todo del mismo modo que Dios me conoce a mi." I Corintios 13:12

"Si las puertas de las percepciones fueran limpiadas, todo le parecería al hombre tal como es. Infinito. Porque el hombre se ha encerrado en sí mismo, hasta que ahora mira todo lo que ve a través de angostas rendijas de su caverna." – William Blake, *El Casamiento del Cielo y el Infierno*.

Los místicos afirman que la percepción humana original (cuando es un infante) del mundo es más pura que la de un adulto, cuyo entrenamiento social le ha obscurecido la comprensión verdadera de lo que está sucediendo "afuera" al sobreponerle sus interpretaciones distorsionadas. Es evidente que estas distorsiones le sirven para sobrevivir, porque es obvio que los adultos tienen capacidades que no tienen los bebés; pero de acuerdo con los místicos, también es la causa de toda su infelicidad.

Chögyam Trungpa (en *The Collected Works of Chögyam Trumpa* volumen 2) dijo: *"El proceso que toma lugar aquí sucede en una fracción de un segundo de conciencia, cuya duración es algo así como 5-cientos de un segundo. Primero usted tiene la impresión de algo. Es vacío, nada definitivo. Entonces usted trata de relacionarlo como algo y todos los nombres que le han enseñado regresan a su cabeza y usted etiqueta con un nombre a ese algo. Al ponerle esa etiqueta y entonces usted sabe cual es su relación con ese algo. A usted le gusta o le disgusta dependiendo en su relación con ese algo en su pasado… Inmediatamente usted manda su mensaje a su memoria, por las asociaciones que se le han enseñado antes."* Estos „filtros" superpuestos modifican la percepción momento-a-momento para que puedan ser „digeridos" – y que permiten que nuestro mundo nos parezca familiar y sensible (opuesto a totalmente inefable, que es como los bebés lo perciben) – se denominan *skandhas* en la filosofía budista: *vinnana* (Atención); *vedana* (Deseo); *sankhara* (Mente); y *sanna* (Memoria). Consideren, por ejemplo, el „ciclo de vida" de una impresión; lo primero es Atención pura – el entorno o el lienzo sobre el que se pinta la impresión. Luego viene la estimulación (Deseo) – la fase inicial de la impresión, por ejemplo, el primer pulso de un orgasmo u olor de una rosa o cucharada de tiramisú, que es exquisitamente intenso y sublime. Los subsiguientes pulsos, olores, sabores lo que sea, pierden esa pureza inicial e inmediatez cuando „=>YO<= **estoy sintiendo esta sensación"** (Mente) se pone al control (ese sentimiento de un ser separado observándose a sí mismo desde una distancia), y subsecuentemente esa impresión se vuelve imprecisa, se torna más remota, más separada de la impresión (original) verdadera. En la etapa final la impresión se vuelve una Memoria, y se desplaza al pasado. Esta sensación individual – pulso, olor, sabor, lo que sea – pasa a través de todas estas fases en un instante; es sólo que es más fácil notar la progresión si se le considera como varios acontecimientos en fila.

Hay otra categorización similar, esta vez descrita por Carlos Castaneda se encuentra en *Encuentros con el Nahual*, escrita por Armando Torres, aquí él usa el término "testificando las emanaciones del Aguila" en vez de Atención. *"Imagine que en este momento usted es testigo de un grupo de emanaciones del Aguila. Automáticamente usted lo transforma en algo sensorial, con características como luminosidad, sonido, movimiento, etc. Entonces interviene la Memoria, quien está bajo la obligación de darle significado a todo, y usted lo reconoce como, por ejemplo, otra persona.*

Finalmente, su inventario social lo clasifica, comparando esa persona con aquellas que ya conoce; y esa clasificación le permite a usted identificarlo. Pero ahora usted ya se ha alejado bastante del hecho original, el cual es indescriptible porque es único".

    Así que cual es el hecho verdadero – ¿la forma en que un bebé ve el mundo?, y ¿qué significa regresar a eso? La experiencia mística, tal como el éxtasis religioso (que usualmente es inducido por espíritus tales como Jesús, Krishna, Budha, o el uso de drogas alucinógenas), son sólo algunas formas de pelar algunas de estas capas y deconstruir la consciencia adulta; o por lo menos permitirnos una mirada a cómo es que las piezas encajan (al frenar la rapidez del proceso de modo que sea visible fácilmente). Por ejemplo, si usted sale desnudo a la lluvia mientras está drogado, usted puede sentir (o estar conscientemente alerta) a cada gota de agua al momento de tocarle la piel como un acontecimiento único. Pero bajo ese estado usted no puede balancear su chequera porque no puede pensar – hay demasiadas cosas sucediendo al mismo tiempo como para que pueda enfocar tanta Atención. El meollo del asunto es que la consciencia adulta necesita poder enfocarse, mientras que la consciencia del infante es sentir; el enfocarse y el sentir funcionan a la inversa (cuando uno baja el otro sube).

    La percepción del bebé consiste en una cascada de impresiones al azar que bombardean su Atención aleatoriamente. Este derroche de sensaciones consiste grandemente de sensaciones primarias – no sólo de sensaciones físicas (ver, oír, oler) sino también sentimientos. El deseo actúa como un explorador que zarandea a la Atención de aquí para allá y de momento a momento para interiorizar lo que está pasando afuera, como un animal hambriento siguiendo la huella de su posible almuerzo. Como una jabalina que avienta a la Atención hacia enfrente a través del tiempo para alcanzar un futuro, en realidad, es este aventar, este ver hacia el frente y hacia afuera (empeño) el que crea el "futuro"; y por eso al Deseo le llamamos con la palabra clave de Expectativa. La acción del Deseo es la que anima a la

Viviendo la Magia

Atención a la que, si dejamos sola, no tendría preferencia ni dirección sino sencillamente permanecería e internalizaría todo indiscriminadamente. Tome nota que Deseo no es Deseo *de* algo. El Deseo es un movimiento por sí mismo. La percatación naturalmente necesita enfocarse, y el enfoque necesita percatación; y Deseo es lo que mueve a la Atención de uno hacia el otro una y otra vez. Esta dinámica – como la de una culebra uróboros devorando su propia cola – es lo que mantiene a todo en movimiento; y es la detención de este esfuerzo (al detenerse el Deseo) que produce el estado de éxtasis que buscan los místicos.

A cuál de todas estas sensaciones le damos nuestra Atención primaria (le damos más Importancia en ese momento determinado) es la acción de la Mente. Es la Mente la que crea a un "ser" separado utilizando las sensaciones aleatorias del Deseo (de la misma manera como usted puede captar su nombre cuando es pronunciado entre las murmuraciones indistintas de un grupo de personas a su alrededor).

Por ejemplo, cuando usted escucha sonidos, especialmente cuando usted está muy relajado, adormitado, o drogado, usted puede distinguir entre dos fenómenos: "sonidos" y "el que está escuchando sonidos". "Sonidos" es cuando usted está escuchando todos los sonidos indiscriminadamente, como lo hace una grabadora; cuando todos los sonidos están impactando en su conciencia con la misma imparcialidad (acción de Deseo). Así es como un bebé percibe auditivamente. Pero "el que está escuchando sonidos" (acción de la Mente) es cuando usted está enfocándose en un sonido en particular y todos los demás sonidos están en la periferia de su Atención; cuando un sonido en particular es mas Importante que todos los demás sonidos, y allí está un =>USTED<= quien es quien lo está escuchando.

Para poder enfocarse en una sola cosa a la vez (para lograr separarla de – hacerla más Importante que – su entorno), es necesario crear un sentido artificial de un ser separado percibiendo quién es el que está percibiendo – o sea una separación entre el percibidor y el objeto que está siendo percibido. Esta es la acción de la Mente. Por lo tanto, podemos decir que la diferencia entre la consciencia del infante y del adulto es que el segundo está percibiendo a través de un *ser* artificial. Eso es, el mismísimo hecho de enfocar la Atención en una sola cosa a la vez (en vez de todo al mismo tiempo) crea a un *ser* separado =>YO<= enmedio de todas las cosas – quien es el que está enfocándose. Los recién nacidos no tienen un sentido de un =>YO<=, un percibidor independiente percibiendo. Todas las *skandhas* son filtros diferentes que van al foco de Atención que principió en el nivel de *sankhara* – Mente; y ellos permiten la creación y el sostenimiento de ese sentido de unidad (falso, porque es impermanente) =>YO<= en medio de todas las cosas que debe ser delimitada y defendida.

El adhesivo que mantiene a este YO unificado es el miedo a la muerte, que es la base de la Mente; significa que el ser sólo puede ser mantenido "arrebatándose a sí mismo" de la muerte (la no-existencia) a cada instante; pellizcándose a sí mismo constantemente para mantenerse despierto y enfocado en sí mismo (separado). Y llega cierto momento en que ese adhesivo sencillamente se deteriora y deshace y el mal llamado Ser se disuelve de regreso en la nada indiferenciada (Atención pura) de la cual salió (aunque de verdad esto sucede a cada instante). Lo que sostiene a este percibidor de momento a momento – lo que le proporciona este sentimiento de continuidad y permanencia; que engaña al Ser a creer falsamente que no está muriendo continuamente (sino que „todo está muy bien, gracias") – es la acción de Memoria. Quizás usted haya notado (al despertarse) que en los sueños cuando se refieren a algo que supuestamente sucedió en el pasado de ese mismo sueño, los „eventos previos" son improvisados ad hoc, se crean al instante; no existieron tales „eventos previos" en ese mismo sueño. Los así llamados „eventos previos" que usted (falsamente) recuerda en el sueño tiene un aire de Familiaridad, lo que hace que nos parezcan „razonables" (acción de Mente – el hacer que los eventos parezcan razonables) y que esta creíble (aunque no-existente) historia pasada en realidad pasó. El déjà vu es otro ejemplo (tomado de la consciencia despierta) de cómo la Memoria puede hacer que impresiones sensoriales nos parezcan Familiares, aun cuando ni uno de estos eventos hayan ocurrido. La Familiaridad es lo que produce esta ilusión de película de una lógica y razonable progresión de momento a momento (cuando el hecho es que el universo explota en ser y se disuelve en nada con cada momento de „tiempo" que pasa). Es la Memoria la que disfraza los intersticios al crear una impresión falsa de un Ser separado que tiene una historia personal que es la que lo llevó al momento actual, justo como es Deseo quien crea la ilusión que este Ser separado se está moviendo a través del tiempo hacia un futuro probable.

El problema se encuentra en que para mantener a este Ser separado – mantener el enfoque en este Ser separado con su historia personal y su futuro probable instante por instante requiere el arrebatarle de la muerte cada segundo – se requiere mucha energía y disciplina. Ciertamente, demanda mantener a la Atención subyugada, eso que los psicólogos llaman represión emocional y los magos llaman Importancia (dominar al Ser para definir y delimitar el Ser) lo que es bien doloroso y nos deja exhaustos. Es por esto que los recién nacidos necesitan dormir tanto tiempo, para aliviar temporalmente el estrés de la consciencia adulta extraña que se les está imponiendo desde afuera. Como Freud señaló, es tratar de aferrarse de Atención para crear un sentimiento de ser un Ser separado continuo en medio de este caos que no terminará hasta completar el entrenamiento del uso del inodoro: esa es la Gran División, ese será el toque final del entrenamiento de enfocar la Atención que separa la conciencia infante de la adulta: el no defecar en los pañales se vuelve de Importancia vital; y este subyugamiento se transforma en la base de todo condicionamiento social – ese diálogo interior constante es la manera en que la Mente crea la ilusión de un Ser separado y un mundo Familiar fuera de ese Ser.

Así que, para hacer corta una larga historia, la manera de crear su propia realidad es creando la próxima escena, momento a momento, de cualquier material que se presente a la Atención, al seleccionar de qué es Familiar y Esperado, lo que usted tome como más Importante („Usted"; „Su Vida";

"Su Historia Personal"; "Sus deseos para el Futuro"); e ignorando cualquier otra cosa que esté bombardeando a su Atención en ese mismísimo instante.

Los adultos siempre están conscientes de que tienen un Ser – ese sentimiento continuo de que son seres separados en el centro mismo de un universo que es estable y „real" (en vez de incomprensible y sobrecogedor) – por que solo se consigue aferrándose frenéticamente a su „sanidad" – su sensación de tener un a un Ser separado allí – cada momento en que está despierto. Los adultos tienen que permanecer constantemente alertas, vigilantes y tensos – vivir su vida diaria en un estado de angustia y sufrimiento constante (aunque casi todos los adultos han aprendido estrategias de negación para pretender que esto es „normal"; ya que todos los que les rodean están manteniendo la misma mentira; o, para alivianar su dolor se lo echan a alguien más – por ejemplo, forzándolos a cargar su dolor por ellos) – para así poder mantener a su Ser funcionando. Si no, ellos se volverían locos – perderían el agarre sobre su enfoque, de modo que todo se disolvería una vez más en Atención pura y ellos retrocederían al ser infantes vulnerables y desamparados.

Desde luego, este estado de „locura" es el que precisamente buscan los místicos como éxtasis. Sin embargo, los místicos no persiguen este estado como algo permanente en su consciencia diaria, ya que ellos también tienen que vivir vidas en el llamado mundo „real"; y el éxtasis religioso no es particularmente efectivo para tratar con asuntos diarios. En vez de eso, lo que los místicos buscan conseguir es el atraer la experiencia del éxtasis religioso (el no-ser) a sus vidas y relaciones cotidianas solo con estar más *conscientes,* por ejemplo, desenfocándose (relajando un poco su control sobre su Ser), sólo lo justo para sentirse confortables pero sin perder totalmente su enfoque. Por ejemplo, un nivel básico de éxtasis religioso (para mayor concienciación) que prácticamente todos han sentido se llama *fluir*. Esto ocurre cuando la Atención de la persona está tan enganchada en la actividad que está haciendo (escuchar música, jugar un deporte, hacer el amor) que temporalmente pierden su sentido de ser un Ser separado y así volverse uno con lo que está pasando en el mundo a su alrededor. El meollo del asunto es que sin enfoque no hay un Ser – así que la meta del entrenamiento mágico es lograr mantener sólo suficiente enfoque para aligerarse pero sin perder la cordura. Esto se logra al obtener el control voluntariamente (Intención) sobre la Mente, Deseo y Memoria al poner solo la Atención necesaria al momento que se vive, en vez de reflexivamente ceder el control a los pilotos automáticos de Importancia, Expectación, y Familiaridad (La Atención y el Intento son dos aspectos diferentes de – o dos formas de entender a – el mismo fenómeno, como la distinción entre partícula / onda, o cardinal / ordinal, en la que el primer objeto representa la vista estática y la segunda la vista dinámica).

La Importancia crea al Ser. La Familiaridad es el peso que ancla al Ser, y la Expectación es la vela que lo mueve adelante. La Importancia, Familiaridad y Expectación, todas se levantan en conjunto, y deben ser deconstruidas juntas. La meta del entrenamiento mágico es borrar al Ser al deconstruir Importancia, Familiaridad y Expectación. Cuando se han erradicado Importancia, Familiaridad y Expectación entonces, lo que queda, es Intento.

Alegremente, Alegremente, Alegremente, Alegremente *

"*Algún día habrá un gran despertar en el cual nos daremos cuenta que esto es solo un gran sueño. Sin embargo, los estúpidos creen que están despiertos, muy ocupados y felizmente asumiendo que comprenden todo, llamando a este hombre gobernador y a aquel otro pastor de cabras – ¡qué densos! Confucio y ustedes ¡están soñando! Y cuando digo que están soñando, yo también estoy soñando. Palabras como éstas serán etiquetadas como La Suprema Estafa. Pero, después de diez mil generaciones, un gran sabio puede aparecer que sabrá su significado, y aún así, parecerá que llegó con increíble rapidez. ...*

"*Una vez Chuang Chou soñó que era una mariposa, revoloteando y aleteando por doquier, feliz consigo mismo y haciendo lo que gustaba. Él no sabía que era Chuang Chou. Repentinamente se despertó y allí estaba, sólido y sin ninguna duda Chuang Chou. Pero él no sabía si era Chuang Chou el que había soñado que era una mariposa, o era una mariposa soñando que era Chuang Chou.*" – Chuang Tzu

"*El ser sueña al doble. ... Una vez ha aprendido a soñar al doble, el ser llega a una encrucijada extraña y viene un momento en el cual uno se da cuenta que es el doble el que sueña al ser.*" – Carlos Castaneda, *Cuentos de Poder*

"*Quizás, lo que hoy se conoce como estado REM era la forma original de la consciencia despierta en la evolución temprana del cerebro cuando la emocionalidad era más*

---

* El titulo viene de una canción americana: *Row, row, row your boat, gently down the stream; merrily, merrily, merrily, merrily, life is but a dream*; que se traduce así:
Rema, rema, rema tu barca, suavemente río abajo; alegremente, alegremente, alegremente, alegremente, la vida es solo un sueño.

importante que la razón en la competencia por los recursos. Esta forma antiquísima de consciencia despierta pudo deber ser suprimida activamente para que la evolución cerebral de orden superior pudiera proceder eficazmente. Esto es, esencialmente, una nueva teoría del sueño."

– Jaak Panksepp, *Neurociencia Afectiva*

El principio básico de la magia es que todo es sólo un sueño; Que la consciencia despierta es sólo una modalidad altamente especializada de la consciencia de sueño profundo. La consciencia del sueño fue la primera evolucionariamente hablando, y la consciencia despierta es una consecuencia natural del sueño. Aunque tendemos a creer que hay una enorme diferencia entre estar despierto y estar soñando, el hecho es que esto sólo es una creencia: una creencia que nos permite enfocar nuestra atención en el estado despierto – aislarlo y solidificarlo – a tal extremo que excluimos el estado de sueño.

Hacemos un gran alboroto acerca de la diferencia entre despierto y soñando, pero la diferencia entre los dos estados no es tan clara como usualmente imaginamos. Cuando hacemos alguna regresión a vidas pasadas; o cuando tan sólo estamos bailando u oyendo música – cada vez que estamos tan absortos en una actividad que perdemos todo sentido del ser percibiendo al ser y estamos operando en estado "fluido" – estamos mucho más cerca de estar en un estado de sueño que en un estado despierto. Entre menos estamos controlando conscientemente lo que está sucediendo, sino solo dejándolo suceder por sí mismo, más nos acercamos al estado de sueño. El acto de "irnos a dormir" es una forma mental que utilizamos para convencernos de que el resto del tiempo no estamos soñando. Nosotros usamos los actos de "irnos a dormir" y "despertarnos" para separar las dos modalidades – hacer una distinción donde en realidad no existe casi ninguna. Es como dos personas que han estado viviendo juntas durante muchos años y finalmente se casan – es un simbolismo nada más, no habrá mucha diferencia objetiva entre los dos estados. Es como si hiciéramos algún tipo de distinción como "escribe con la mano derecha los martes, jueves, y sábados" y "escribe con la mano izquierda los lunes, miércoles, y viernes." Si lográramos que todos lo hicieran como un acto automático, entonces, entre algunos siglos, la humanidad habría inventado otra distinción de la consciencia (en realidad, esto es exactamente lo que las diferentes culturas hacen). La gente encontraría que la vida de los martes, jueves y sábados es totalmente diferente de la vida de los lunes, miércoles y viernes. Pero solamente es una distinción ficticia.

Los antiguos humanos estaban haciendo lo que nosotros consideraríamos soñar como su forma natural de estado mental. No existía una separación tan aguda entre estar despierto y estar dormido. En ese entonces la gente dormía por ratitos, como lo siguen haciendo los recién nacidos; y alternaban repetidamente la cacería con el dormitar. Casi todas sus cacerías se llevaban a cabo en un estado mental que nosotros llamaríamos sonambulismo (un estado de trance). Ellos no estaban deambulando sin rumbo buscando algo para cazar; ellos podían sentir lo que encontrarían más allá y podían proyectar su consciencia hacia allí y telepáticamente dentro de su presa y así poder anticipar los movimientos de ella. Nosotros, los modernos, aun podemos hacer esto de vez en cuando, como por ejemplo, cuando andamos buscando sexo, o cuando sentimos una oportunidad de hacer un buen negocio, especialmente cuando nos sentimos con suerte; pero nuestros antepasados cazadores dependían de esta facultad intuitiva para su alimento cotidiano. En otras palabras, los antiguos cazadores estaban más conectados con su mundo, más sintonizados psíquicamente, de lo que estamos los modernos. Ellos eran capaces de recibir información de su entorno que a nosotros nos elude. Pero, por otro lado, ellos tenían menos sentido del ser en el estado despierto de lo que tenemos nosotros, tal como nosotros tenemos menos sentido de ser sólidos y separados cuando estamos soñando a cuando estamos despiertos.

    La consciencia despierta es algo que evoluciona, que nosotros podemos ver evolucionar entre una generación y la siguiente. Es por eso que la gente "de entonces" nos parece tan ingenua – ellos soñaban más de lo que nosotros hacemos.

Nosotros estamos más despiertos que nuestros antepasados. Consideren también que tan despabiladas son las sociedades del Primer Mundo comparadas con las Tercermundistas: los Primermundistas que viven en el Tercer Mundo tienden a sentir que los nativos son "irresponsables", que andan en las nubes, cuando en realidad lo que están haciendo es soñando más en su diario vivir que los "ya, ya, ya" del Primer Mundo.

El punto es que no existe una línea divisoria entre estar despiertos y soñando según estamos acostumbrados a creer. Es exactamente esa creencia (que lo que hacemos cuando estamos despiertos es más importante de lo que hacemos cuando estamos dormidos) lo que mantiene la rigidez del estado despierto – persuadirnos que lo que nos sucede cuando estamos despiertos es "real" – lo que nos induce a creer que hay un "nosotros" a quienes les está sucediendo algo – en vez de que todo este tinglado es solo una proyección. Que "nosotros" es simbolizado por una forma mental de un cuerpo y de un mundo exterior en el que las cosas le suceden a ese cuerpo.

Cuando estamos soñando también tenemos un cuerpo y un mundo fuera de él. Ese cuerpo y ese mundo nos parecen perfectamente normales mientras dura el sueño, pero cuando nos despertamos nos damos cuenta que solo fue un sueño. La interpretación de que tenemos un cuerpo físico cuando estamos despiertos es, también, solo una creencia, exactamente igual a creer que tenemos un cuerpo cuando estamos soñando. Mientras estamos soñando nuestro sueño, nuestro cuerpo utiliza los cinco sentidos usuales que utiliza nuestro cuerpo físico. Por lo tanto, en realidad no tenemos un criterio objetivo para decidir, en cualquier momento dado, si estamos soñando o estamos despiertos. En precisamente la misma manera, nuestro cuerpo de cuando estamos despiertos y el mundo que lo rodea son solo un sueño. No existe ninguna diferencia objetiva al respecto. Eso es lo que otra gente o la sociedad nos hacen: asegurarnos de que en realidad estamos despiertos y que lo que experimentamos es "real".

La gente primitiva era más mágica de lo que somos nosotros (no tan separada). Ellos permitían que los temas de sus sueños se inmiscuyeran en su vida consciente, mientras que nosotros, los modernos, hemos colocado mecanismos para reprimir inmediatamente cualquier intrusión de sueño en nuestra realidad. Cuando lo que soñamos se inmiscuye en nuestra consciencia despierta, tenemos momentos de discontinuidad. Cualquier shock, golpe o susto es una rasgadura en nuestro sentido de continuidad – o, mejor dicho, un tratar de agarrar locamente nuestro sentido de continuidad para enmascarar que hubo un quiebre con la realidad. Debemos decir que la discontinuidad es irreal, y que la gente que tiene experiencias discontinuas está loca, o cansada, o sobrecargada y necesita tomarse un descanso. Tenemos que lograr que todos validen este punto de vista – que pretendan que no estamos teniendo momentos de discontinuidad, o no existiría la sociedad. Sociedad y consciencia despierta son solo dos nombres para la misma cosa: en los sueños básicamente estamos solos. En realidad, estamos igual de solos cuando estamos despiertos, pero estúpidamente creemos que estamos sudando, sangrando y empujando como parte de un equipo. Por lo cual, estar despiertos puede ser definido como nuestra pretensión de no estar solos (que somos parte de una sociedad).

    La razón por la que el estado de sueño es tan mutable es que hay muy poco sentido de separación en él. Es la importancia – el sentido de urgencia, de que estamos siendo empujados, de que estamos estresados, lo que estabiliza la atención. Cuando estamos despiertos podemos enfocar nuestra atención a causa de nuestro interminable diálogo interior que se refiere a nosotros mismos cada segundo en que estamos despiertos. La consciencia despierta es un apretamiento dentro de nosotros mismos – un estremecimiento momento a momento de la muerte – representado dentro de nosotros mismos por nuestro constante esfuerzo e intranquilidad de ser socialmente acondicionados y que nos mantiene despiertos. Como contraste, la atención que ponemos durante un sueño casi no tiene importancia al resultado pues casi no pensamos en ello; pero como resultado, tampoco podemos controlar a qué le pondremos atención (qué sucederá a continuación) como lo hacemos cuando estamos despiertos. Lo que experimentamos cuando estamos soñando se siente más inmediato, vívido, atemorizante e intenso que en nuestro mundo bien ordenado despierto. Todo sucede tan rápido que no nos podemos separar de ello como lo hacemos despiertos.

En el mundo de los sueños no tenemos los fines de semana libres, ni dos semanas de vacaciones pagadas cada año, ni hay televisión – no hay forma de detener lo que está sucediendo ni de pretender que no está sucediendo. Debemos estar constantemente a la expectative, o quedarnos estacionarios como en un estupor; pero estamos inevitablemente tan atrapados dentro del sueño, somos tan parte del sueño, que, aunque estemos experimentando nuestros sentimientos en forma simbólica en el sueño, no sentimos estar separados de él. La mente existe, pero no está desarrollada.

La mente no se puede desarrollar hasta que haya un sentido claramente desarrollado de separación, lo que le da a la mente una pausa, un momento de descanso u ocio, en el cual puede reflexionar sobre sí misma. Es ese momento de descanso o tregua donde nace el sentido del tiempo y de continuidad lineal.

Aun cuando la consciencia despierta se originó junto con la vida pluricelular en la tierra, su apoteosis según atañe a la vida humana fue el invento de la agricultura. Si se compara con la cacería, la agricultura trajo orden, regularidad, 8 horas de sueño durante la noche y 16 horas de trabajo durante el día. La humanidad había superado la consciencia de sueño. Se había dado cuenta que la consciencia del sueño – la de los recién nacidos y la de los animales – es inestable, demasiado efímera, y, por lo tanto, demasiado limitante para una expresión libre. A partir de entonces, los humanos literalmente construyeron, pieza por pieza, forma mental por forma mental, sobre la superficie de la consciencia de sueño, el edificio flotante de la mente despierta. La humanidad principió a pensar y a razonar.

La separación cotidiana de 8 horas para soñar y 16 horas para estar despiertos – forzando nuestros cuerpos a permanecer despiertos por periodos tan largos de tiempo – es una disciplina muy seria, una forma de tensionarnos, que ayuda a bloquear cualquier material del sueño que quiera entrometerse (eventos mágicos) en nuestra consciencia despierta. La humanidad antigua mezclaba los dos en su consciencia – la vida despierta era tan inefable como estar soñando, y todo era una fuente de maravillas, asombro y misterio. Las culturas nativas, tal como los Mayas de Guatemala, mantienen mucha de esta estructura de formas mentales hoy en día. Nosotros, los modernos norteamericanos – europeos – asiáticos, hemos aprendido a bajarle el volumen a nuestras impresiones sensoriales, a separarnos de nuestro entorno al tomar todo por descontado, y a no ponerle atención a nada que no sea nuestro parloteo interior incesante. Esto hace que nuestras vidas sean absolutamente aburridas y sin sentido, pero que nos permiten la habilidad de enfocar nuestra atención, de ser metódicos, concentrados y voluntariosos. Nuestros ancestros cazadores/recolectores no podían enfocarse con tanta atención. No tenían necesidad de ello.

Junto con la habilidad de enfocarse también llega un sentido de desconexión; un sentimiento de separación. Y junto con la mayor desconexión necesaria para enfocar la atención en el mundo despierto, viene un sentimiento de aislamiento y angustia. En otras palabras, el sufrimiento es un componente intrínseco de la consciencia despierta. Sin sufrimiento, sin estarnos pellizcando constantemente, no podríamos mantenernos despiertos.

Cuando estamos despiertos decimos "¡Yo estoy sufriendo!" Ese "Yo" está hecho de sufrimiento (autocompasión en la jerga chamánica). Para refutar a Descartes, "Yo sufro, por lo tanto, yo soy." Al igual que el "Yo" despierto y el "sufro" se surgen juntos, igualmente se disuelven juntos. Si "yo" alguna vez dejo de sufrir, el "yo" se disuelve también. La causa principal de nuestro auto aborrecimiento, la razón principal por la que todos somos tan neuróticos y fuera de eje con nuestro mundo, es porque hemos estado despiertos demasiado tiempo.

El punto es que la consciencia despierta no es algo intrínsecamente diferente a soñar, sino más bien algo que

Viviendo la Magia 159

evolucionó y se desarrolló de ello; algo que se volvió más enfocado e intenso y recto según evolucionó. El despertar es sólo una forma de imponer una semblanza de control (mente – las cosas teniendo algún tipo de sentido en vez de ser totalmente inefables) en por lo menos una parte del sueño. Sin embargo, esto es una falsedad: NADA tiene sentido – TODO es inefable. En otras palabras, la consciencia despierta – y la sociedad que la encarna – es una completa y total fabricación.

La mente despierta es como la desfachatez de un borracho que da traspiés a través de un campo de batalla mientras las balas silban a su alrededor, pero, de alguna forma, está protegido de ellas por su total indiferencia. Eso es la mente consciente. Es tan totalmente una farsa (el sentir que estamos separados de todo a nuestro alrededor) que solo puede ser mantenido con la constante validación de otra gente (nuestro sentimiento de ser parte de una sociedad). Sólo cuando todos nosotros nos estamos acuerpando y recordando que somos individuos separados – constantemente pinchándonos y molestándonos para mantenernos despiertos – podemos en equipo mantener levantada la frágil estructura de la consciencia despierta. Nuestra sociedad se asegura de su continuación al poner a sus miembros individuales a confrontarse como si fueran perros hambrientos.

Cuando la sociedad se disuelve, por ejemplo, durante una guerra o un desastre, todo se vuelve como un sueño, puesto que está fuera de control. El estar despierto necesita mas control que el estar soñando y esto lleva a pérdida de agudeza mental y de alegría. Durante el transcurso del próximo siglo, según nuestra ambiente y civilización se deterioren, la sociedad colapsará y todo girará fuera de control. Eso quiere decir que la consciencia despierta se disolverá otra vez dentro de la ensoñación, de la cual emergió en la época del descubrimiento de la agricultura. Esta vez, la raza humana no va ser capaz de embrollarse y encontrar una salida tal como lo ha hecho siempre. Ni va a haber una milagrosa salvación: a nadie se le va ver ascendiendo hacia las nubes para que se siente con Jesús; y el 22 de diciembre del 2012 no traerá una mejora sobre el 20 de diciembre. Y seguramente las corporaciones, gobiernos, y científicos materialistas que nos metieron en este lío, no nos podrán sacar de él. Cada ser humano, individualmente, se encontrará ante una encrucijada: o se desprenden y entran en el sueño lúcido, o entran dentro de una pesadilla.

De la misma forma en que la consciencia despierta nació de la ensoñación, el sueño lúcido – eso significa, soñar donde el soñador sabe que está soñando – es un hijo de la consciencia despierta. El sueño lúcido es el próximo paso en la evolución de la consciencia – Nueva, Mejorada, Con Olor a Limón, consciencia. También es la única esperanza que tendremos para sobrevivir como una especie.

El sueño lúcido nos permite hacer una pausa para reflexionar en el plano de ensoñación: hacer que se detenga por un momento para evaluarlo críticamente y redirigir la experiencia, en vez de estar totalmente inmerso en ella, forzados a estar constantemente cambiando y ajustándonos a las circunstancias, tal como nuestros ancestros cazadores debieron hacer. Los cazadores tenían que fluir con la corriente, y eran mejores o peores cazadores dependiendo de qué tan flexibles y alertas estaban para agarrar las oportunidades o evitar los escollos según iban apareciendo. Eran ágiles, pero no demasiado capaces para planificar, organizar o pensar en como llevar a cabo la cacería. Si hubiera una manera más sencilla o fácil de hacer algo, lo más seguro es que no habrían logrado descifrarlo (no había la separación necesaria).

Lo que sucede durante el sueño lúcido es que logramos mantener las formas mentales de la consciencia despierta, pero sin la importancia. Eso quiere decir que el sueño lúcido *es* la consciencia despierta, pero sin el acicate de sus urgencias, sin la tensión constante, el sentido de estar separados, sufriendo el revuelo del ego. Todavía tenemos un ego simbolizado por la forma mental de un cuerpo mientras estamos dentro de un sueño lúcido, pero este cuerpo es mucho menos pesado y menos separado que nuestro cuerpo despierto. Puede volar, por mencionar algo.

El meollo es, como pronto se da cuenta cualquier soñador lúcido, que las formas mentales de la consciencia despierta pueden ser activadas en el estado de ensoñación una vez se han separado de su sentido de importancia. El sueño lúcido es lo que podría ser (y será) la consciencia despierta una vez nos hemos deshecho de nuestra importancia. Para hacer el sueño lúcido consistentemente tendremos que llegar a una convicción general en nuestro diario vivir de que nada es así de importante.

El propósito de la práctica de la magia es hacer de la vida diaria algo más como soñar – soltar esa fijación de ser seres separados y sufrientes. Esto se logra cultivando la práctica del sueño lúcido mientras estamos durmiendo, y yendo a los árboles o a los espíritus de la naturaleza todos los días mientras estamos despiertos. El portal para salir del estado despierto y entrar en el de sueño lúcido es lo que los magos denominan formas mentales sensoriales, y lo que los filósofos cognitivos llaman qualia: eso significa, cambiar nuestra atención de pensar a la de sentir el mundo a nuestro alrededor. Para lograrlo, hay que acallar la mente y escuchar los sonidos, sentir la brisa sobre nuestra piel, ver las plantas y las nubes. Es lo que los místicos llaman "tal y como son" o "así como son", pero todo lo que implica es cerrar el flujo constante de palabrerío mental por suficiente tiempo como para ver – escuchar – sentir lo que está sucediendo en el momento actual – lo mismo que hacemos cuando estamos soñando en el momento actual. En el capítulo "Siguiendo a Sus Sentimientos" se describe cómo hacerlo. La práctica de la recapitulación, descrita en mi libro *The Great Wheel*, es también invaluable para soltar nuestra excesiva fijación con la consciencia despierta, para soltar nuestra obsesiva adherencia al diario vivir y a las personas de nuestro entorno.

La meta para nosotros como individuos es fusionar la ensoñación con estar despiertos – sentirnos tan libres y sin ataduras mientras estamos despiertos como cuando estamos dormidos; y ser tan racionales y claro pensadores cuando soñamos como cuando estamos despiertos. La meta para nosotros los humanos, como especie, es hacer del sueño lúcido nuestra consciencia diaria, tal como nuestros ancestros los cazadores/recolectores hicieron con la consciencia despierta cuando se volvieron agricultores, lo que significa: volvernos magos. El propósito del budismo – por lo menos como yo lo entiendo – es el lograr que unas cuantas personas excepcionales se vuelvan totalmente iluminadas. El propósito de practicar la magia es lograr que la masa de la población se vuelva algo iluminada – suficientemente iluminada como para salvar a la raza humana y a nuestro planeta. No se necesitaría una gran revolución o catástrofe para hacer este cambio, a no ser que la humanidad pruebe ser tan estúpida que no puede responder a no ser que haya una crisis total. Las realidades probables existen para los dos eventos y nosotros, como individuos, podemos escoger a negarnos o participar en ellos, creyendo como nos parezca mejor. Todo lo que se requiere para salvar a la humanidad es que la mayoría de la gente (no necesariamente todos) deje de tomarse tan en serio y aligere su pensamiento. No necesitamos que todos se rasguen las ropas, se eche cenizas encima y se vaya a vivir a las cuevas para iluminarse: ni tampoco esperamos que todos se alineen y piensen como nosotros. Todo lo que necesitamos es que la mayoría se vuelva un poco menos avariciosa, egoísta, suspicaz, intolerante, de corazón duro y desvergonzados. Sólo que casi todos se liberen un poco será suficiente para que la humanidad entre en conjunto al sueño lúcido.

En el estado de sueño lúcido todos saben la verdad al mismo tiempo, así que es imposible mentir. Como contraste, casi todo lo que nos sucede en el mundo actual es un montón de mentiras: las personas están hablando de una cosa, pero lo que en realidad está pasando bajo la superficie es muy diferente. Así no sucede con el sueño lúcido – lo que vemos es lo que obtenemos. No hay lugar para la falsedad porque no existe cómo encubrirla – el acuerdo es más importante que la verdad.

Si, Virginia, la Verdad sí existe. Todo lo que necesitamos para encontrarla es atravesar el güirigüiri de nuestra sociedad decadente y degenerada y escuchar lo que dice nuestro corazón. Nosotros, los magos, recibimos validación de los árboles y espíritus de la naturaleza y no de nuestros compañeros humanos.

Si entramos al sueño lúcido desde una posición que principia estando despiertos, lo que estamos haciendo es una proyección astral. Los soñadores talentosos tienen mucha facilidad para la proyección astral, y éste es el camino corto para ellos. Pero a la mayoría de la gente le llevaría más tiempo aprender a hacerlo, para ellos es más sencillo hacerlo a través del sueño lúcido. Este es el mejor camino para las personas que lo piensan mucho porque minimiza el pensar. Tenemos que comenzar estando dormidos, y entonces llamar a la forma mental de separarnos, pero haciendo la salvedad de que no venga con su disfraz de importancia. Si el recubrimiento de importancia llegara con el, entonces nos despertaríamos. Es por eso que a tantos de nosotros nos cuesta mantenernos en el estado de sueño lúcido sin despertarnos: uno debe mantener la calma durante el sueño lúcido porque si no, la importancia tiende a sobreponerse.

El sueño lúcido no es esencialmente algo muy diferente a la consciencia despierta, solo que la conseguimos desde la posición de estar dormidos. Cuando principiamos estando despiertos le llamamos "la vida diaria". ¿Qué suponen ustedes que es el carruaje sin caballos? ¿O el radio, TV, avión, cohete al espacio, computadora? Todos son sueños locos. Así es como les hubiéramos llamado hace cien años. Y eso es todo lo que son – sueños. La humanidad sólo incorporó ese material soñado a la consciencia despierta. Esa es la clase de cosas para la que sirve la consciencia despierta: para originar material soñado de esa naturaleza. Ese tipo de trabajo necesita de un tiempo largo y despacioso de paciente desarrollo que puede avanzar durante varias generaciones antes de triunfar, y el plano de los sueños es demasiado inestable y mutable como para hacer ese proceso. El plano de los sueños es demasiado "aquí y ahora". Puesto que la consciencia del sueño es casi sin un tiempo definido, no permite el desprendimiento que nos da el sentido del tiempo: pasado (historia) y futuro (planificación). Necesitamos mayor sentido de separación para poder hacer las cosas así de despacio. Por eso es que es tan difícil hacer cosas sencillas como marcar un número telefónico o leer una frase completa cuando estamos soñando – estas actividades necesitan un grado de separación superior al que nos provee un sueño normal para enfocar esa clase de detalles minuciosos.

Esa es la genialidad de la consciencia despierta: perdemos alcance y agilidad, pero a cambio obtenemos enfoque y una forma metódica para hacer las cosas. La consciencia despierta está mucho más enfocada y delimitada que en un sueño, aún cuando todos nos ponemos extremadamente miopes y tensos en el proceso.

La práctica de la magia es acerca de tornar nuestras vidas despiertas en un sueño lúcido, cultivando un "estado mental algo alterado" como nuestra forma de estar. Cuando hacemos esto, mucho de nuestro sentido de separación se disuelve y sentimos más paz interior y unidad con el mundo. Los espíritus nos comienzan a hablar, tal como lo hacían con nuestros ancestros cazadores/recolectores. Nuestra vida diaria se principia a volver más como un sueño (más mágica). Este es el camino que cada uno de nosotros debe recorrer como individuo, y que la humanidad entera deberá cumplir si es que quiere sobrevivir y prosperar. Es el portal de entrada hacia el estado de sueño lúcido desde la posición que principia con estar despierto (en vez de dormido, como usualmente). Esto significa comprender que la consciencia despierta *es* un sueño lúcido: y la única razón por la que no nos hemos dado cuenta es porque estamos demasiado ocupados pretendiendo que lo que estamos haciendo es "real" e importante. Por lo tanto, no nos damos cuenta que solo es un sueño.

Al momento de escribir ésto, parece que no hay muchos soñadores lúcidos allá afuera, pero hay mucha gente alegremente, alegremente, alegremente, alegremente bailando locamente en su descenso hacia la pesadilla que se nos aproxima. Ha llegado el momento de que todos despertemos.

La Cosificación del Tiempo

"*Durante un tiempo caminé dentro del río y durante un tiempo crucé la montaña. Usted puede pensar que la montaña y el río son cosas del pasado, que les he dejado atrás y ahora vivo en este edificio palaciego – ellos están tan separados de mí como el cielo de la tierra.*
"*Sin embargo, la verdad tiene otro lado. Cuando subí la montaña o cuando crucé el río, Yo era tiempo. ... Yo siempre he sido, el tiempo no me puede abandonar. Cuando al tiempo no se le considera como un fenómeno que fluye y refluye, el tiempo en que subí la montaña es el momento presente de ser-tiempo. Cuando al tiempo no se le considera como algo que viene y va, este momento es el tiempo absoluto para mí. ...*
"*No considere al tiempo como algo que se aleja volando; no crea que alejarse volando es su única función. Para que el tiempo se alejara colando tendría que haber una separación entre él y las cosas. Como usted imagina que el tiempo solo pasa, usted no aprende la verdad del ser-tiempo. En una palabra, cada ser en el mundo entero es un tiempo separado en un solo continuo. Y puesto que ser es tiempo, yo soy mi ser-tiempo. El tiempo tiene la cualidad de pasar, digamos, de hoy a mañana, de hoy a ayer, de ayer a hoy, de hoy a hoy, de mañana a mañana. Puesto que este paso es característico del tiempo, el tiempo presente y el tiempo pasado no se superponen o afectan el uno al otro.*"
– Dogen-zenji

"*El* **Daimón**, *(o Yo Superior) no puede percibir, como lo hace la mente humana, a un objeto siguiendo a otro objeto en un estrecho río, sino todos a una sola vez, y porque no puede percibir a los objetos como separados por el tiempo o el espacio, sino arreglados solos como si fuera en el orden de su relación consigo mismos, aquellos que más se parecen más cercanos y no como son en el tiempo y el espacio.*"
– William Butler Yeats

"Los chamanes del Méjico antiguo nunca consideraron al tiempo y al espacio como obscuros abstractos como hacemos nosotros. Para ellos, tanto el tiempo como el espacio, aunque incomprensibles en sus formulaciones, eran una parte integral del hombre.

"Esos chamanes tenían otra unidad cognitiva llamada la rueda del tiempo. La manera en que ellos explicaban la rueda del tiempo era para decir que el tiempo era como un túnel de ancho y largo infinito, un túnel con surcos reflexivos. Cada surco era infinito, y existía un infinito número de ellos. A los seres vivos se les hacía, compulsivamente, por la fuerza de la vida, para contemplar dentro de un surco. Contemplar dentro de un solo surco, significaba estar atrapado por ese surco, vivir ese surco.

"El objetivo final de un guerrero es enfocar, a través de un acto de profunda diciplina, su atención inquebrantable en la rueda del tiempo para sí lograr que girara. Los guerreros que han logrado girar la rueda del tiempo pueden observar dentro de cualquier surco y sacar de él lo que deseen. El estar libres de la fuerza fascinante de contemplar sólo dentro de uno de esos surcos significa que los guerreros pueden ver en cualquiera de las dos direcciones: cómo el tiempo retrocede o cómo avanza hacia ellos."

– Carlos Castaneda

Al contrario de la creencia popular, el espacio y el tiempo no tienen una existencia objetiva. Por lo tanto, el basar nuestra ciencia y filosofía – sin dejar de lado nuestro diario vivir – sobre la presunción de el espacio y tiempo cosificados, es casi tan absurdo como basarlo en la existencia del Conejo de Pascua o de Santa Claus. Sinceramente, el Conejo de Pascua y Santa Claus son, en el esquema cósmico de las cosas, mucho más reales que el espacio y el tiempo.

El espacio y el tiempo solo son herramientas – técnicas para organizar el cognición – que evolucionaron según evolucionaron los seres sensibles. Tal como nuestro sentido de la visión es una herramienta cognitiva que evolucionó según los animales evolucionaron; y la agudeza visual es mucho más pronunciada en los animales predatorios tales como las águilas que en, digamos, los peces de las cavernas que son ciegos; igualmente el espacio y el tiempo son herramientas cognitivas más definidas (más altamente evolucionadas) en los humanos que en los animales "inferiores". La creencia de los seres humanos de estar centrados en el espacio y tiempo les permite enfocar su atención en una sola cosa a la vez, al contrario de en todo a la vez; y también acentúa el sentimiento de que hay un ser separado que está enfocando su atención.

Lo que el tiempo realmente es, no es lo que percibimos con nuestra conciencia normal y del diario vivir; tal como tampoco el amor es como lo percibimos cuando estamos infatuados. Aunque la percepción y cognición humana tiene sentido para nosotros, el universo mismo no tiene sentido en la forma que los humanos creemos. Allá afuera no existe ni el tiempo ni el espacio.

Cuando la ciencia materialista académica ve el tiempo como lineal, la ciencia mágica lo ve como rítmico. La ciencia materialista mide puntos e intervalos sobre un continuo bien ordenado, mientras que la ciencia mágica mide ciclos y mas ciclos. De eso se trata toda la astrología: el momento del nacimiento puede ser visto como un punto en un continuo ordenado, tal como es en la ciencia materialista; o, en cambio, puede ser visto como un escenario en el desarrollo de potencialidades de varias clases – como la intersección de muchos diferentes ciclos que se inter penetran – como sucede con astrología.

Sería más preciso describir el tiempo como una emanación de nacer – morir – renacer. Eso que llamamos sistema de números reales no tiene un modelo en la naturaleza: el universo no es continuo, sino más bien explota al ser y se disuelve en la nada con cada instante de "tiempo" que transcurre. Lo que nosotros llamamos tiempo lineal no es mas que una manera fragmentada de abordar este fenómeno, que ha evolucionado junto con el avance de la conciencia humana.

Mientras que los animales están vagamente conscientes del paso del tiempo – ellos también organizan su cognición temporalmente – la consciencia animal está mucho menos enfocada que la consciencia humana. Los animales tienen menor sentido de la existencia de separación entre individuos de lo que tienen los humanos – casi no se percatan de el yo separado, y se sienten menos reales que los humanos; y como resultado su experiencia del tiempo también es menos real.

Nosotros, los humanos – especialmente, nosotros los humanos modernos – siempre estamos con mucha prisa. Hasta nos describimos como seres con prisa. "Nosotros" somos algo que siempre está de prisa; estar de prisa es de lo que estamos hechos. El tiempo lineal es una invención totalmente humana, como el golf o la moda parisina – un conjunto de reglas que no tienen ningún fundamento fuera de la experiencia humana. El tiempo lineal es basado en pensamiento lineal. Cuando se detiene el pensamiento lineal – cuando el diálogo constante en el cual casi toda la gente está inmersa durante cada momento desde que se despierta hasta que se duerme se detiene – entonces también se detiene el pensamiento lineal.

El argumento a favor del tiempo lineal se puede reducir a la vieja expresión latina de *post hoc ergo propter hoc* – "después de esto; entonces, a consecuencia de esto"; o sea, que las cosas tienen sentido porque tienen sentido: que hay una razón por la cual esto y no aquello; que la vida diaria, nuestra experiencia de la realidad despierta, no es solo un sueño – una marea de ilusiones hipnagógicas a la que nosotros arbitrariamente (e inexpertamente) le atribuimos una secuencia y causalidad: "Primero sucedió esto, luego sucedió aquello, luego sucedió la otra cosa, y ese soy yo. Así es como yo me defino como individuo – mi sentido de encontrarme centrado dentro de un cuerpo, en un mundo, en una realidad."

En las alucinaciones hipnagógicas – ese torrente de imágenes que pasan por nuestra mente cuando nos estamos quedando dormidos – podemos ver el proceso con el cual creamos nuestra propia realidad durante el sueño; nuestra realidad despierta se crea analógicamente. En la vida despierta, tal como en la alucinación hipnagógica, no hay una razón mediante la cual escogemos esta imagen o esta situación por sobre aquella otra. Las razones por las cuales las cosas son como son tienen que ser improvisadas en retrospectiva para proveer una justificación *post hoc* por que las cosas son como

Viviendo la Magia   169

están. Aunque es cierto que cada causa tiene un efecto, y muchas veces hasta podemos predecir cual será el efecto, en realidad no hay en realidad una razón de por qué esto y no aquello.

Mientras que todas las investigaciones sobre el cerebro que se están llevando a cabo en la neurociencia indudablemente traerán muchos descubrimientos provechosos, no tienen nada que ver con el estudio de la consciencia. Eso que llamamos cerebro físico, al igual que el cuerpo físico en el cual se aloja, es solo una proyección de la mente, exactamente en la misma forma como el cuerpo dormido es una proyección de la mente. La única diferencia radica está en que el cuerpo despierto y el cerebro son suficientemente persistentes para que los podamos diseccionar. Si lográramos que la ensoñación se quedara quieta lo suficiente como para examinarla minuciosamente, encontraríamos que nuestros cuerpos de ensoñación están hechos de moléculas y células y neuronas etc. también. O lo que sea. La única razón por la cual las cosas están hechas de moléculas y células en vez de fuego, tierra, aire, y agua es porque ese camino tomó la ciencia en esta realidad probable en particular. Pero nada de esto existe en la realidad, todo es solo un sueño – una alucinación hipnagógica arbitraria.

En el modelo mágico las decisiones de momento a momento no las fabrica la mente, mucho menos el cerebro físico; la mente solo se usa para reflejarlas. La mente conjura razones después del hecho para justificar las decisiones que ya se han tomado en un nivel de sentimiento (cuando se duerme sin sueños = sueño no-REM). Según el punto de vista mágico las decisiones se toman "primero", y las circunstancias que se presentan "después" reflejan esas decisiones; por lo tanto, todos creamos nuestra propia realidad.

Eso quiere decir que la mente – y lo que llamamos el cerebro físico – son como el marcador de una competencia atlética. El marcador refleja lo que está sucediendo en el terreno de juego, pero no lo crea. Similarmente, la mente y el cerebro reflejan las decisiones que se están haciendo en el nivel de sentimiento; por ciertamente, no están creando nada.

Ni siquiera comprenden algo. Ellos solo mantienen el marcador, solo reflejan lo que está sucediendo. Un cuerpo – en sueño o despierto – es solo un marcador: primero le sucede esto a esto, luego esto le sucede a esto, luego lo otro le sucede a esto, luego se muere.

La situación actual es una de absoluto carácter aleatorio – en la cual todas las posibilades ocurran simultáneamente en las diferentes realidades probables. Y en cada realidad probable la mente teclea una forma mental para justificar/explicar por qué esta o aquella realidad probable ocurrió. Por ejemplo, no existe una competencia por "recursos en carestía"; solo es el problema actual que se nos presenta: el apariencia de una dinámica energética en la que los seres sensibles parecen estar en crisis, cazando a y devorando la energía de los demás seres sintientes. A esto le llamó W.B. Yeats *Decepción* – la apariencia de que los actos de creación y destrucción no son exactamente idénticos, los dos lados de la misma moneda, como una serpiente devorando su propia cola. Los elefantes no tienen trompas largas porque esto les confiere una ventaja evolucionaria. Más bien ellos solo tienen trompas largas y punto final. Cualquier ventaja evolucionaria que les confiera es una interpretación materialista *post hoc*: las cosas son como son porque así son; y esto explica por qué son de esta forma.

Cualquiera que discierna algún propósito en los manejos del universo – ya sea que este propósito sea interpretado como la voluntad de Dios, o sobrevivencia de los más aptos y prolíficos reproductores, o el egoísmo de los genes – está viendo las cosas a la inversa. Tanto la cristiandad como el materialismo racional (seudociencia académica) están proyectando imágenes que no existen. Tal como la Gematría cabalística encuentra conexiones escondidas en cada nombre bíblico y en cada frase; o como el paranoico que encuentra planes siniestros en su contra en cada ocurrencia aleatoria; la cristiandad y el materialismo encuentran significados y propósitos en el caos. No existe ningún propósito en nada, excepto en retrospectiva puede argumentarse que las cosas son como son porque así es como se supone que deberían ser. Esto es una ilusión, la falacia *post hoc ergo propter hoc*, la cual a su ves es basado en la falacia del tiempo lineal.

Esto no significa que no exista la causalidad en el universo: los efectos no aparecen sin una causa. Sin embargo, esa causalidad no está incrustada en el tiempo lineal, y es demasiado compleja como para analizarla racionalmente (aun cuando de vez en cuando sus resultados puedan ser anticipados o pronosticados por la intuición o sentimiento, como lo hacemos en la astrología). Lo que muchas veces tomamos por causalidad es solo una ilusión – equivocando como los humanos en la sociedad llegan a acuerdos entre ellos acerca de las leyes del universo; como si el golf o la última moda de París fueren de alguna forma principios universales que se pueden aplicar fuera de la sociedad humana. Lo que creemos que es causalidad es solamente un sofismo *post hoc*: "¡Ya vieron¡, ¡Se los dije!" Pero no han probado nada en absoluto.

Por ejemplo, creemos erróneamente que primero nos pasa algo y después reaccionamos. Por ejemplo: primero nos despiden del empleo y después nos sentimos deprimidos e indefensos. Sin embargo, desde el punto de vista de la magia, la decisión de sentirnos deprimidos e indefensos es primaria – fue hecha antes (en el nivel de dormir sin soñar). La forma mental de "ser despedidos del empleo" fue conjurado "más tarde" (en el nivel de consciencia despierta) para justificar nuestro sentido de auto importancia – que es importante el sentirse deprimidos e indefensos. Utilizando la astrología, frecuentemente podemos ver malos tiempos que se avecinan, con la progresión o los tránsitos. Aunque no siempre es posible predecir la forma mental exacto que van a tomar los malos tiempos. El punto es que o la causalidad no tiene nada que ver con el tiempo lineal; o la astrología es una doctrina falsa. Q.E.D.

Si vamos a comprender este punto de vista debemos olvidar nuestros prejuicios acerca de que el tiempo es lineal. Es un hecho que el tiempo no es lineal. Mírenlo de esta manera: los sobrevivientes de una experiencia cercana a la muerte muchas veces reportan el haber visto hasta el último evento que les sucediera durante su vida en un solo flashazo.

Algunas veces dicen que vieron los eventos como si pasaran rápidamente frente a ellos y, sin embargo, podían ver cada escena individualmente, durante unos pocos segundos. Otros reportan que vieron todos los eventos de sus vidas en sólo una escena. En cualquier caso, parece que experimentamos las formas mentales de nuestras vidas dos veces: una vez en forma lineal durante nuestra vida, y una segunda secuencia sin tiempo lineal (todo al mismo tiempo) en el momento de la muerte.

Esta idea de que el tiempo no es lineal es fácil de ver en los sueños. El tiempo de sueños es secuencial, pero no es lineal en la misma manera que el tiempo despierto. El tiempo de sueño no tiene esa inexorabilidad de causa y efecto que tiene el tiempo despierto. Eso es porque en el tiempo de sueño existe menor enfoque por lo que todo sucede en el aquí y ahora. A diferencia de la consciencia despierta, durante los sueños muy raramente estamos influenciados por los eventos pasados o futuros. No nos definimos en términos de nuestra historia y futura personal como lo hacemos estando despiertos. Las cosas suceden demasiado rápido e intensas como para que podamos pensar sobre ellas: todo es demasiado vívido y demasiado ahora.

Cuando estamos despiertos y enfrentamos una situación de vida o muerte, como cuando estamos en un accidente automovilístico o durante un terremoto, el tiempo se ralentiza muchísimo: podemos ver todo lo que está sucediendo con gran claridad y detalle, como si estuviera pasando en cámara lenta. Esta percepción de cámara lenta es más cercana a la verdad. La percepción de cámara lenta es más como los bebés o el hombre primitivo percibían el tiempo. Es más parecido a la percepción del tiempo de sueño y menos como percepción moderna en que todo se pasa superficialmente y rápidamente porque tenemos demasiada prisa. Los budistas aseguran que los meditadores experimentados son capaces de aminorar la velocidad del tiempo lo suficiente como para poder discernir y distinguir cada forma mental (*sankhara*), deseo (*vedana*) y estado de ánimo (*sanna*) en el instante en que se presenta. Sin embargo, es imposible actuar normalmente en este estado de percepción de moción lenta porque no podemos pensar. Si vamos a actuar o reaccionar en este estado mental, solo lo podemos hacer por intento, por instinto visceral, pero no pensándolo. Por lo tanto, la percepción de moción lenta no es tan utilizable para realizar las tareas mundanas de la vida moderna como lo es la percepción normal del tiempo; pero es la forma más útil en la práctica de la magia (tal como lo es en la cacería), donde las decisiones se deben tomar más rápido que con el pensamiento normal.

Cuando el tiempo se ralentiza lo suficiente, perdemos la noción de un yo separado y nos movemos a los estados alterados de la consciencia. Hasta podemos definir el "estado alterado" como la sensación de intemporalidad. Esto puede sucedernos por un shock, drogas psicodélicas, o aún por los espíritus. Algunos espíritus tienen el poder de borrar temporalmente nuestra importancia (auto lástima) de modo que experimentamos un estado de gracia incorpórea. La iluminación es uno de estos estados. Las personas iluminadas pueden entrar y salir de estados atemporales e incorpóreos a voluntad, al enfocar su atención en el uno o el otro. Pero aún la gente iluminada no vive en un estado de nirvana a tiempo completo. También viven vidas normales, y los estados alterados no son funcionales en la sociedad cotidiana. Por eso es que evolucionó nuestro sentido del tiempo moderno: es más funcional para un agricultor que el estado de AHORA MISMO del cazador/recolector.

Los estados alterados pueden ser inspiradores al darnos un vistazo a la meta que nos hemos trazado, pero siempre son temporales. La vida normal y cotidiana es nuestro campo de batalla, el lugar donde debemos hacer nuestro verdadero trabajo, el lugar donde todo principia y todo termina. La meta del entrenamiento mágico es concientizarnos a lo atemporal e incorporeidad (que es la misma cosa) y traerlo a nuestra rutina diaria. Hacemos esto al desprendernos del yo-yo-yo con su infinito sentido de auto compasión por lo que nos pasó en el pasado y las preocupaciones por el futuro.

El tiempo lineal es la matriz de nuestro ser inferior y separado. El ser y el tiempo se elevan juntos y se caen juntos (disueltos en lo incorporal y atemporal). Nuestros ancestros cazadores / recolectores no tenían ni una mínima parte del sentido de separación que tenemos actualmente los hombres modernos. No estaban tan individualizados y prestaban más atención a sus sentidos e intuición que a sus pensamientos. Los humanos antiguos vivían con un estado mental atemporal y con un sentido de pertenecer al universo. Sus procesos mentales no eran el de pensamientos constantes, sino más bien en conocimiento directo de lo que sus ancestros, los espíritus, y el mundo les estaban diciendo. Ellos se sentían parte de un proceso natural y fluido de la misma forma como nosotros nos sentimos parte de nuestra sociedad. Como no se sentían tan separados como nosotros nos sentimos ahora, ellos no sentían la angustia que nosotros sentimos, porque ellos no tenían un futuro del cual preocuparse.

Si no existiera el futuro ¿Nos angustiaríamos acerca de ello? Si dejamos de pensar tanto en el pasado y el futuro, ellos perderían mucho de su significado. Ellos no son tan importantes, así que no están tan presentes, tal como no son importantes para un recién nacido o para un humano antiguo. La consciencia del recién nacido o el humano antiguo no es un tema de constante insatisfacción o de lucha incesante que es lo que permite que el humano moderno enfoque suficiente atención como para pensar.

Cuando los humanos aún eran cazadores, no existía una distinción tan marcada entre estar despiertos o dormidos como hoy existe. Ellos dormían por ratitos cuando sentían ganas de hacerlo en vez de por largos períodos cuando es de noche. Similarmente, ellos no hacían una distinción tan marcada entre pasado y futuro como hoy en día, porque no lo necesitaban – ellos estaban más centrados en el momento presente y por lo tanto sentían el pasado y el presente como algo más cercano. Ellos no se definían a sí mismos tanto en términos de historia personal y aspiraciones futuras (preocupaciones).

Nosotros decimos, "Ya no soy el mismo que era en ese entonces" – separando lo que somos hoy de lo que fuimos en una edad más temprana. Nosotros decimos, "Algún día voy a hacer tal o cual cosa" – separando lo que somos hoy del ser que fantaseamos que seremos en el futuro. Pero nuestros ancestros cazadores/recolectores no tenían tanto sentido de separación – las cosas que les sucedieron hace tiempo y las que les sucederían en algún momento futuro (lo que llamamos sentido del destino) eran mas una parte de lo que ellos se sentían en el presente de lo que son para nosotros. Ellos estaban más cerca de sus intenciones presentes – el sentir su pasado y su futuro; ellos no tenían tantas formas mentales que se interpusieran en forma lineal en su consciencia, imponiendo un pasado pesado y un futuro inexorable sobre su presente.

Es precisamente la forma nuestra de preocuparnos y responsabilizarnos por nuestro futuro lo que conjura su existencia. Nos importa nuestro futuro, porque creemos que allí encontraremos algún tipo de gloria – allí es cuando vamos a ganarnos la lotería, o encontraremos el amor verdadero, o seremos famosos, o nos iremos al cielo, o cualquier otra fantasía semejante. Lo que impele a cada individuo a través del tiempo es el espejismo del alivio instantáneo de nuestros sufrimientos y la liberación de nuestra esclavitud – ese milagroso cambio de suerte que imaginamos se encuentra justo detrás de la próxima curva.

El otro lado de la moneda es nuestro pasado, las cosas de las que nos avergonzamos y que jamás le revelaríamos a alguien mas (y que tratamos de olvidar de nosotros).

Esa zanahoria amarrada a un palo enfrente de los ojos del burro nos impele hacia un glorioso futuro y escabullirnos de un pasado vergonzoso es lo que crea la ilusión de que existe algo que se llama futuro o pasado. Cuando dejamos de luchar por avanzar, allí se acaba también el tiempo lineal. Sin esos constantes acicates, entramos en un estado atemporal. Eso es lo que experimentamos cuando estamos en un estado alterado de consciencia. En los estados alterados de consciencia nos importa un pepino el futuro y el pasado – estamos tan centrados y felices y en unión con las cosas del presente.

El sentimiento es espacial; eso es, lo que llamamos espacio es solo nuestro sentido de tener sentimientos y lo que llamamos tiempo es nuestro sentido de tener pensamientos – por lo tanto, todos tienen necesidad de su propio espacio y derecho a sus propios sentimientos, y su propio tiempo para decidirse. El espacio físico, de tres dimensiones, es un símbolo de sentimientos, justo como el tiempo es un símbolo para pensamientos; por lo tanto, el espacio todavía existe en el estado de ensoñación, pero el tiempo no – por lo menos no de la misma forma en que existe en el tiempo despierto. Nuestro sentido de continuidad personal en el estado de ensoñación no se basa en eventos que se suceden en forma lineal, secuencial, y que se desarrollan en cierta orden, como en el estado despierto. Las cosas brincan demasiado en el estado de sueño como para que nosotros podamos operar con la asunción de una continuidad personal como la que tenemos en nuestra vida diaria despierta. En vez de eso, nuestro sentido de ser durante un sueño está basado según nos fijamos en nosotros mismos como experimentadores (por ejemplo, de la de la muerte).

El punto es que lo que nosotros llamamos tiempo es una falsedad. Para nosotros los modernos, el espacio y el tiempo son reales, y los sentimientos y los pensamientos son símbolos del espacio y del tiempo; pero, de hecho, lo opuesto es verdadero. El tiempo lineal es una ilusión similar a la ilusión de movimiento que nos produce una serie de fotos fijas de las cuales está formada una película. Los bebés (y hasta los niños pequeñitos, que a veces hablan de recuerdos de otras vidas) no están tan centradas en una existencia de una sola vía como los adultos. A los bebés y a los niños pequeñitos están influenciados directamente por sentimientos de otras vidas y realidades probables que casi todos los adultos han aprendido a ignorar. El mismo proceso de socialización que ayuda a apuntalar el sentido del bebé de ser un individuo completo pero separado y permanente, también lo aprisiona en un surco de inexorable temporalidad lineal.

En otras palabras, la ilusión de que el tiempo es lineal – que hay una progresión lógica de un momento al siguiente momento – es sólo un acuerdo que los humanos hacemos. Tal como durante el galanteo las personas nos enfocamos exclusivamente en los aspectos positivos de su relación e ignoran todos los que son negativos; y más tarde cuando el matrimonio de derrumba sólo pueden enfocarse en los negativos e ignoran los positivos; de esa misma manera la gente enfoca toda su atención de momento–a–momento en aquello que les parece familiar y persistente. Pero la verdad es que cada momento es un juego nuevo con reglas propias completamente diferentes: nada persiste, y todo es inefable. La familiaridad es una mentira que la gente se dice a sí misma y a los demás para no volverse locos: "¡Oh, no, yo no me encuentro totalmente desorientado aquí, todo está bien y maravilloso!" Es esta mentira la que hace la sociedad (conciencia despierta) posible.

Los locos, los retrasados mentales, y los magos maestros no se creen esta mentira (que el universo no es tan caótico, inefable, y fuera de control como un sueño). Ellos no pueden (ni necesariamente quieren) ensamblar la conciencia despierta tan efectivamente como lo hacen las personas "normales". Tampoco experimentan el tiempo de la misma forma.

El tiempo no es una línea. Es más como un plano, un circo de infinitas pistas, un eterno momento AHORA, en el que todo lo que alguna vez sucediera y lo que está por suceder, en todas las vidas y realidades, sucede al mismo tiempo. Pero cada forma mental individual cree que es real, una entidad separada con vida propia y con una historia personal y un futuro. Cada uno de los infinitas formas mentales que nos hace "nosotros" – todas las cosas que alguna vez hayamos experimentado o que experimentemos jamás, todas las mónadas de cada instante de todas las realidades probables de esta vida y de todas las vidas anteriores y de todas las vidas que vendrán – creen que son el verdadero "yo", centrados en un universo en el que todo tiene sentido. Cada forma mental individual (pues en realidad tienen individualidad) cree que es el perro alfa (la forma más importante). Y desde cada uno de esas formas mentales nos podemos mover en un infinito número de probabilidades futuras o recordar un infinito número de posibles pasados. Y una vez se toma una decisión – una decisión de moverse una determinada forma mental actual a otra determinada forma mental futuro o pasado – la mente estampará sobre esa decisión la anotación: ¡TIENE SENTIDO! (es "real"). Esa es la única razón por la que las cosas tienen sentido para nosotros: porque nos repetimos constantemente la misma mentira de que tienen sentido. Nos decimos la misma mentira cuando estamos soñando (que lo que experimentamos tiene sentido, es "real").

Admitimos que algunos futuros o pasados son más probables que otros (es más probable que su próxima forma mental sea estar leyendo un poquito más adelante esta oración a que de repente aparezca en una playa del mar Caribe degustando una piña colada. Ese es el tipo de cosa que sucede con la conciencia de los sueños – el brinco de una forma mental al otra es más aleatorio que con la consciencia despierta. Pero aún así, es un proceso aleatorio, formado por las tendencias de la memoria humana individual, cuya única ostentación a la fama es que tiene sentido – ¡no hay ninguna duda de ello!)

La mente es la que le da sentido a esta elección. Esto es más fácil de notar en la conciencia de los sueños donde aún las formas mentales más bizarros e improbables (desde el punto de vista de la consciencia despierta) tienen perfecto sentido mientras los estamos soñando. Similarmente, nuestra consciencia despierta (nuestra experiencia de vida diaria) también solo tiene sentido porque nosotros hemos decidido que tiene sentido. Esa creencia es la que nos mantiene atrapados en nuestros surcos.

Si perdiéramos nuestro sentido lineal el tiempo implicaría vivir momento-a-momento, con todos nuestros recuerdos – por lo menos con el sentido de ellos aun cuando no sea con las formas mentales mismas. Sólo si recapitulamos todos nuestros recuerdos, tal como lo explico en mi libro *The Great Wheel*, estaremos en posesión de todos los recuerdos (sentimientos) de todas nuestras vidas pasadas y vidas probables, además de los de ésta. En este momento no estamos centrados en ninguno de ellos. El estado despierto sólo es controlable mientras nos parezca familiar e importante – centrado en el pasado o en el futuro. El truco está en sentirnos muy confortables con todo fuera de control – dejar de andar tambaleándonos y fluir con el momento. Cuando dejamos de controlar las cosas, entonces estamos soñando. Entre más descontrolada permitimos estar a nuestra vida diaria, más estamos soñando que despiertos, y más cerca estamos de nuestro propósito – de poder actuar usando nuestros verdaderos sentimientos en vez de nuestro condicionamiento social. De esto es lo que se trata la magia.

La Muerte Observa

Cuando se muere una persona, lo que realmente se muere es el enfoque, o sentimiento de que hay un percibidor separado percibiendo (lo que los magos llaman el ser inferior). Por lo menos eso es lo que se muere cuando el cuerpo de una persona fallece. Cuando ya no existe ese sentido de separación de un percibidor percibiendo, cuando todo está impactando en nuestra conciencia con una misma intensidad, lo que nos queda es un sentimiento de unicidad, un entorno de paz, que es lo que los magos llaman el ser superior, o muerte. La muerte está rondándonos todo el tiempo. La muerte es el lienzo en el que nuestras vidas están pintadas.

Cuando sentimos que nos estamos viendo a nosotros mismos – que hay una parte de nosotros que está observando todos nuestros movimientos – esa parte es nuestra muerte. Constantemente está mirando sobre nuestro hombro: es esa seguridad que a veces sentimos de que hay alguien afuera observándonos (el Espíritu también nos está observando, por no mencionar montones de otras entidades, tanto angélicas como demoníacas; pero nuestra auto consciencia básica, eso que sentimos que está afuera observándonos, es nuestra muerte).

Dense cuenta que éste no es la forma mental del falso observador, ese con el que nos miramos con gloria y estamos exaltados por lo grandioso que somos. Ese es solo una copia barata del verdadero observador – la muerte – quien es totalmente fría y desapasionada. El observador falso – nuestra auto consciencia, o nuestra necesidad de estar chequeándonos constantemente para ver como nos perciben los demás – es una forma mental que toma todo y trata de glamorizarlo e imagina a otras personas aplaudiéndonos por ello. Esta forma mental falsa lo aprendemos de nuestra sociedad: la forma mental del falso observador es la forma que tiene la sociedad para empapelar sobre la muerte. Nosotros sí tenemos un verdadero observador observándonos, y ese observador es nuestra muerte. El observador falso es el que utiliza la sociedad para erradicar de nuestras conciencias a la muerte, para hacer que la gente actúe como si nunca fuera a morir, para hacer que las personas olviden casi totalmente a la muerte. Sólo logrando que la gente olvide a la muerte pueden ellos ser guiados a creer que otras cosas son mucho mas importantes que el hecho que pueden dejar de existir de un momento a otro. Y como parte de esa expulsión de la muerte de nuestra conciencia, se reemplazó con el falso observador, una forma mental de gloria al observarnos ("observarse a uno mismo en gloria; observarse a uno mismo con aprobación") al verdadera forma mental del observador, que es la muerte.

Otra manera de decir esto es: el sentimiento que tenemos de que estamos percibiendo, que en alguna parte tenemos un percibidor separado percibiéndo, que hay un "nosotros" en alguna parte al que le están sucediendo cosas: es nuestra muerte. Si no tuviéramos ese sentimiento de un percibidor afuera, no seríamos capaces de enfocarnos en nada. Todo lo que vemos, escuchamos, tocamos, etc., en cada momento – sin mencionar percepciones errantes de otras vidas y realidades probables – nos bombardearían los sentidos con el mismo impacto. Estaríamos abrumados por la información; no tendríamos ni idea de que "nosotros" en realidad existimos (igual a lo que le sucede a un recién nacido) – seríamos percepción pura. Para utilizar la mente – para poder enfocarnos en una sola cosa a la vez al separarla del entorno – es necesario crear a un percibidor que está percibiendo; y a eso le llamamos muerte.

Cuando decimos que la muerte está observando, lo que estamos diciendo es que el hecho de observar es lo que significa la muerte. Cualquier cosa que observa se va a morir. Esto es porque observar – el distanciamiento – es una mentira que al final debe terminar. El distanciamiento es una mentira que todo ser sintiente se dice a sí mismo. Esa mentira es lo que los incrusta en el tiempo lineal. Si un remolino en un río de repente se dijera a sí mismo: "¡Yo soy un remolino, yo soy un remolino. Soy único e individual, soy un remolino separado!" entonces ese remolino estaría mintiéndose a sí mismo – no es único ni individual ni separado de nada; pero al decirse a sí mismo esa mentira se incrusta en una temporalidad lineal en la que observa esto, luego observa aquello, y luego observa otra cosa, hasta que ese remolino se queda sin energía y se disuelve de nuevo en el agua del río y deja de mentirse a sí mismo de, para principiar, ser un ente separado... se muere. Pero estuvo muerto todo el tiempo que duró su experiencia. Observando = separación = muerte; son diferentes formas de hablar del mismo fenómeno.

Nuestro sentido de continuidad personal cuando estamos soñando no está basado en un desarrollo de eventos lineal y secuencial, tal como acontece cuando estamos despiertos, sino está basado en estar conscientes de nosotros mismos como los que tenemos experiencias (nuestra propia muerte). Esa cualidad vibrante y viva que tienen los sueños es en realidad nuestra conciencia de la muerte. En los sueños estamos conscientes de la muerte en todo segundo, al azar, porque en un sueño no hay nada sólido a lo que podamos agarrarnos: no tenemos manera de diluir un poco la intensidad de lo que estamos experimentando al tratar de enfocar nuestra atención en otra parte (en nuestros pensamientos). En los sueños estamos cara a cara con la muerte en todo momento. Por eso es que nos sentimos más vivos en los sueños que cuando estamos despiertos – porque estamos viendo a través de los ojos de la muerte; somos una unidad con la muerte cuando soñamos, y por eso es que no podemos morirnos en los sueños – ya estamos muertos. En el estado despierto hacemos una separación entre nosotros y nuestra muerte – una presunción absurda, pero muy útil para ciertos propósitos (tales como poder enfocar nuestra atención como para balancear la chequera) – y por eso es que el estar despierto es más apagado, menos vívido, menos jubiloso, que estar soñando.

Aquí está la contestación a ese misterio: Lo que consideramos ser "nosotros" es sólo una forma mental en cualquier momento dado. Nuestra vida es como una colección de escenas en un retablo ensartadas todas juntas como un entramado de cuentas. Todas las cuentas (o eventos de nuestra vida) que se conectan directamente con cierta otra cuenta son realidades probables. Desde esa cuenta, mente puede tomar un

Viviendo la Magia

sin número de direcciones para llegar a otra cuenta. Los hilos negros que conectan las cuentas son la muerte – literalmente morimos de un momento-a-otro-momento. Siempre tenemos que atravesar por la muerte para llegar de una cuenta a otra cuenta (la siguiente escena; el próximo momento); y si tomamos un cruce que nos lleva a un pedazo largo de hilo negro para llegar a la próxima cuenta, esa es la muerte real, y la próxima cuenta será nuestro nacimiento en otra vida.

Otra forma de explicarlo es que nosotros nos separamos en un montón de pequeños pedacitos (formas mentales), cada uno de los cuales se siente que está aislado y desconectado de (más importante que) el resto. Sin embargo, dentro de cada pedacito tenemos un tremendo enfoque y perseverancia ("miedo de la muerte") – una voluntad para seguir luchando por mantenernos despiertos y separados, sin importar que tan mal sea la experiencia.

El "usted" que está leyendo esta oración es una persona muy diferente a la que leyó la oración anterior, y esto no lo digo como algo trivial (que unas cuantas células se han dividido en ese lapso) – sino en un sentido profundo. La creencia de que usted es la misma persona de un momento a otro es una ilusión, una mentira. Para mantener esta ilusión usted debe arrebatarse de la muerte cada instante. Este apretamiento constante contra la muerte es lo que crea y sostiene la consciencia despierta (nos da un enfoque y un control que no tenemos en los sueños, como la habilidad de balancear la chequera). Por eso es que estamos tan tensos cuando estamos despiertos en comparación a lo abiertos y vulnerables cuando soñamos. El mantener la consciencia despierta requiera tremenda fortaleza y auto disciplina (sin mencionar el mentirnos descaradamente cada segundo que estamos despiertos).

Es un hecho que no somos más que nuestra muerte. Nuestra muerte es un registro completo y escrito de nuestra vida. Todo está contenido en nuestra muerte. Nuestra muerte puede ser comparada con un micropunto que contiene toda nuestra vida en un pequeño punto. Somos como el pequeño punto que se mueve en un tablero de Etch-a-Sketch o programa de dibujo de computadora, trazando nuestro propio camino a través de la vida (dejando un garabato sobre una pantalla antes en blanco) y dejando un rastro detrás. Nuestra vida completa es como una pantalla en blanco, y el pequeño garabato es esta vida en particular. Tiene un principio y un final, y está delimitada. La delimitación es la muerte. En otras palabras, tal como nuestro sentido del espacio es nuestro sentido de tener sentimientos (familiaridad); y nuestro sentido del tiempo es nuestro sentido de tener pensamientos (importancia – nuestra habilidad de enfocar nuestra atención); igualmente nuestra muerte es nuestro sentido de que hay una entidad contenida que es la que tiene esos sentimientos y pensamientos. La muerte es nuestro sentido de contención, de delimitación, de singularidad, de separación. Es como una especie de goma que amarra sentimientos y formas mentales aleatorios volviéndolos una unidad integrada y cohesiva.

La muerte proyecta una forma mental corporal para simbolizar este sentido de unicidad, solidez, estabilidad, delimitación – tal como nosotros proyectamos una forma mental corporal cuando estamos soñando, que simboliza "nosotros". Lo que consideramos nuestra unidad – nuestra individualidad, nuestra continuidad, nuestro "nosotros" – es en realidad nuestra muerte. Cuando nos aferramos a nuestra cordura, nuestro sentido de estar centrados en un ambiente estable donde las cosas suceden de una forma más o menos predecible, a lo que aferramos es a nuestra muerte. El estado despierto no podría existir sin ella.

Observen que en la realidad no existe la importancia – pero si tuviéramos que decidir entre cual de lo dos es más importante, ciertamente nuestra muerte es más importante (es primaria) que nuestra vida. Nuestra vida es sólo un reflejo simbólico de nuestra muerte; no es el tema principal en absoluto. Creer que nuestra vida es más importante que nuestra muerte no sólo es una grave estupidez; sino nos pone directamente en manos de la muerte.

La muerte no es malévola ni benévola – sencillamente es, como la fuerza de gravedad. La gravedad tanto puede

Viviendo la Magia

dañarnos como ayudarnos, dependiendo en como la utilizamos (o dejamos que nos utilice). Igual sucede con la muerte. La muerte es la que en realidad tira todos los dados, y nosotros somos los que bailamos a su música: realmente, podemos hacer eso ya sea elegantemente o espasmódicos. Los magos maestros danzan con su muerte, la acarician afectuosamente, y luego la seducen.

La importancia – nuestro enfoque: nuestra habilidad para enfocar nuestra atención – es el medio por el cual consolidamos la muerte, o nos aferramos a ella (aunque lo que creemos es que la estamos alejando). La importancia es la ilusión de que estamos controlando a nuestra muerte, cuando en realidad es lo contrario. Es como tratar de agarrarnos con todas nuestras fuerzas a un caballo desbocado y pretender que todo está perfectamente bajo control. El caballo desbocado al cual nos estamos aferrando es la muerte, y nuestro fingir de que de alguna forma somos los que estamos a cargo de la situación es la importancia. Es la que no nos permite contemplar el paisaje cuando vamos cabalgando.

Si no tuviéramos la forma mental de miedo a nuestra muerte, estaríamos más conscientes de nuestras vidas pasadas o vidas probables (por lo menos tendríamos una sensación de ellas, si no la forma mental completo) como también de los sentimientos de otras personas. Podríamos sentirlos como si fueran nuestros sentimientos, como les sucede a los bebés. Y así perderíamos mucho de nuestro sentido de separación. Así es como viven los lunáticos y los magos: tienen su vida individual y les suceden cosas a ellos, pero hay mucho menos diferencia entre algo que les sucede a ellos y a alguien más. Lo que les sucede a ellos no es más importante que lo que le sucede a alguien más. Sus sentimientos no son más importantes que los de alguien más.

La muerte es la pantalla en blanco sobre la cual todas nuestras vidas son pintadas. Esas vidas no existen, son solo un juego momentáneo de luz y sombras. Sin embargo, para nosotros, parecen totalmente fascinantes y absorbentes. Para llegar a quién en realidad somos, tendríamos que arrancarnos toda esa obsesión (energía atrapada por la importancia) de todas esas vidas. Según vamos haciendo esto, encontramos menos y menos de lo que hoy consideramos que somos "nosotros". Encontramos que las barreras que nos separan de otras personas y del mundo se vuelven cada vez menos distinguibles. Cada vez se nos hace más difícil sentir donde terminamos y otra persona comienza.

La muerte es solo la manera en que manejamos el puntaje, los puntos anotados, llevar un registro de los acontecimientos; es cómo separamos un momento de aquel otro momento, y esta vida de otra vida, y a mí de usted. Sin la muerte, todo esto sería un gran revoltijo. La muerte es lo que sostiene a "nosotros" – si no fuera por la muerte no habría ningún sentimiento de que existe un "nosotros". Porque ¿qué somos "nosotros"? La suma total de todas nuestras experiencias (recuerdos) y expectaciones (deseos). ¿Verdad? ¿Qué más tenemos? Nada ¿verdad?

Nosotros, por nosotros mismos, somos absolutamente nada. Cero. Todo lo que somos es algo que se va a morir. La única razón por la que tenemos una vida es porque nos vamos a morir. Somos algo que la muerte conjuró, como un último pensamiento para tener una razón de ser. Y luego, una vez nos creó, nos comenzamos a escapar como un bamboleante monstruo Frankenstein, y la muerte se nos pegó para ver qué hacíamos.

Todo lo que la muerte hace es observarnos, ni aprueba ni desaprueba lo que ve, no tiene consciencia de vergüenza; solo observa desapasionadamente. Y lo que somos es la muerte observándose a sí misma. No tiene nada en absoluto que ver con nosotros. Nosotros somos solo un reflejo en el espejo de la muerte – un símbolo de muerte. No tenemos una consciencia primaria: tal como la luna solo refleja la luz del sol, nosotros solo reflejamos (somos un símbolo de) la consciencia de la muerte de sí misma. Sólo existimos mientras la muerte se observa a sí misma a través de la metáfora de nuestras vidas.

Y por eso decimos que la muerte es mente: porque ese sentimiento que tenemos de que alguien nos está observando, es nuestra muerte observándonos. Si no estuviera la muerte observándonos, no somos nada – nada más que un pequeño punto en una caminata cualquiera a través de una jungla infinita en la que nada tiene ningún tipo de sentido – no existe rima ni razón en nada (no hay mente). Mente (orden) sólo puede existir cuando existe algo que observa el sendero que ese puntito en la pantalla está tomando. Y a eso le llamamos muerte.

www.ingramcontent.com/pod-product-compliance
Lightning Source LLC
Chambersburg PA
CBHW021406290426
44108CB00010B/414